Anonymous

Evangeliske Psalmer

Anonymous

Evangeliske Psalmer

ISBN/EAN: 9783337101831

Printed in Europe, USA, Canada, Australia, Japan

Cover: Foto ©Lupo / pixelio.de

More available books at **www.hansebooks.com**

Evangeliske Psalmer

— og —

Aandelige Sange.

Gospel Hymns and Sacred Songs,

No. 1, 2 and 3 Combined.

Overførte, bearbejdede og udgivne af

P. H. Dam.

Chicago.

Udgiverens Forlag.

1881.

COPYRIGHT, 1881, BY P. H. DAM.

Trykt i "Olieblabets" Trykkeri.

Forord.

Denne lille Bog er, hvad allerede Titelen udviser, en Bearbejdelse af "Gospel Hymns and Sacred Songs, No. 1, 2 and 3 Combined." Hver Sang har samme Nummer, som den tilsvarende i den engelske Sangbog. For dem, der ikke have No. 1, 2 og 3 forenede, men have dem særskilte, er i Paranthes ved hver Sang tilføjet Nummeret, Sangen har i de enkelte Bøger. Af de Sange, til hvilke der ikke findes Noder i "Gospel Hymns", kunne Størstedelen findes, tilligemed Noderne til dem, i næsten enhver større engelsk Salmebog, efter den givne Betegnelse.

Der er, foruden de 326 Sange, efter "Gospel Hymns," endnu tilføjet 7 andre Sange, hvilket bringer Antallet op til 333. Af disse 7 tillagte Sange er No. 330 efter "Golden Censer," Side 110; No. 331 efter "Bright Jewels," Side 86, og No. 332 efter "S. S. S. Quarterly of D. C. Cook, No. 3, 1878." De øvrige ere efter en ældre Sangbog, som nu ikke mere er i Boghandelen, dog kunne 327 og 329 findes i en stor Del af de engelske Salmebøger.

Ved nogle enkelte af de ældre Sange efter "Gospel Hymns No. 1," ere tidligere Bearbejdelser blevne benyttede, dog, som det vil ses, oftest kun tildels.

Saa udsendes da min lille Bog med den Bøn til Gud, at han vil velsigne dens Brug for nogle af dem, for hvem det er kjært at synge om "den gamle Sandhed".

Chicago, Marts 1881.

P. H. Dam.

Evangeliske Psalmer og aandelige Sange.

1. Den et Hundrede Psalme.
(Ps. 100.)

Mel. All people, that on earth do dwell. L. M.

Al Verden kom med Jubelskrig
For Herrens Ansigt, og træd nær,
Tjen ham med Fryd, vær lykkelig,
Ophøj hans Navn, glad Pris frembær.

2. Forstaar at Herren, Gud blot er,
Han har os skabt og ført hidtil,
At vi hans Folk skal være her
Og Hjorden, som han føde vil.

3. Igjennem Tempelporten gaa
Med Pris, i Jubelraab udbryd;
Med Lovsang i hans Forgaard staa,
Tak ham, velsign hans Navn med Fryd.

4. Se, Herren, han er god for vist,
Fra Slægt til Slægt hans Sandhed naar,
At gjøre vel, det er hans Lyst,
Hans Miskundhed for evigt staar.

Slutningssang.

Pris Gud, al Naadens Kildevæld,
Pris ham hver Engel og hver Sjæl,
Pris ham, hver Skabning af hans Haand,
Pris Fader Søn og Hellig Aand.

2. Halleluja, jeg tror.
(Joh. 3, 16.)

Mel. 'Tis the promise of God, full Salvation to give.
(G. H. 2—65.)

Gud har lovet at give fuld Frelse til hver,
Som vil tro paa hans Søn og har ham ikkun
kjær.
Kor: Halleluja, jeg tror paa Guds Søn og
hans Ord!
Jeg er frelst ved hans Blod, som i Hjer=
tet nu bor.

2. Om min Vej end er farlig, besværlig og
trang,
Han er mægtig at bringe mig gjennem en=
gang.

3. I den jublende Skare som frelst staar hos
ham,

Mange Elskede har jeg, som prise Guds Lam.

4. Og smaa Børn ser jeg staa nær hos Kongen med Sang,
Se han smiler at høre den yndige Klang.

5. Og Profeter og Konger i Skaren jeg ser,
Paa Guld=Gaderne vandrende synge de der.

6. Der er Plads i den Skare for dig og for mig,
Og vor Sang bliver evigt om Naaden saa rig.

---

3. Vær nær mig hver en Stund.
(Joh. 15, 5.)

Mel, I need Thee every hour. (G. H. 2—114.)

Vær nær mig hver en Stund,
Min Jesus kjær!
Ej Røst gi'er Fred som din,
Hvor øm den er.

Kor: Vær nær mig, o vær nær mig!
Hjælp og Styrke vær mig,
Forsvar og trøst og bær mig,
O, vær mig nær.

2. Vær nær mig hver en Stund,
Som du har sagt,
Og Fristelsen da har
Helt tabt sin Magt.

3. Vær nær mig hver en Stund,
At ej mit Liv,
Forfæng'ligt er og tom;
Kom snart og bliv.

4. Vær nær mig hver en Stund,
Drag mig til dig!
Alt, hvad du lovet har,
Opfyld i mig!

5. Vær nær mig hver en Stund,
O, Jesu, kom!
Gjør mig i Sandhed til
Din Ejendom!

---

4. **Sikker i Jesu Arme.**
(5 Mos. 33, 27.)
Mel. Safe in the arms of Jesus.

Sikker i Jesu Arme,
Trygt ved hans hulde Bryst,
Hvor jeg hans Sødhed smager,
Hviler min Sjæl med Lyst.
Hør! det er Englestemmer,
Bragt hid fra fjerne Strand,
Blidt over Jaspissøen,
Hist fra mit Fædreland.

Kor: Sikker i Jesu Arme,
Trygt ved hans hulde Bryst,
Hvor jeg hans Sødhed smager,
Hviler min Sjæl med Lyst.

2. Sikker i Jesu Arme,
Frelst fra hver Sorg som tær',
Vogtet for Frist'rens Snare,
Synd kan ej naa mig der.
Sikker mod Haabets Visnen,
Tvivl der og Frygt forgaar;
Nogle faa Taarer mere,
Prøven da Ende faar.

3. Jesus, mit Hjertes Tilflugt,
Mod mig er tro og blid.
Fast paa den gamle Klippe
Jeg har nu sat min Lid.
Her lad mig taalig vente
Indtil min Nat bortflyer,
Og fra de gyldne Strande
Morgenen herligt gryer.

---

5. **Gud vil sørge.**
(1 Pet. 5, 7.)

Mel. In some way or other, the Lord will provide.

Paa ret Vej og Maade Gud sørger for os.
  Om ej det er min Vej,
  Om ej det er din Vej,
  Dog stedse paa sin Vej
"Gud sørger for os."
Kor: O, kast Sorgen paa Gud,
  Han sørger for os!
  Ja, kast Sorgen paa Gud,
  Han sørger for os!

2. J ret Tid, saa naadig Gud sørger for os;
   Om ej det er min Tid,
   Om ej det er din Tid,
   Dog stedse paa sin Tid
"Gud sørger for os."

3. Saa tvivl da ej længer! Gud sørger for
   os!
   Hvert Løfte, han giver,
   Opfyldt altid bliver;
   Det Sorgen fordriver:
"Gud sørger for os."

4. Gaa fremad blot dristig! J Havet for os
   Vi vel gjennemføres.
   Hans Vej herliggjøres,
   Naar Sejrs=Jubel høres:
"Gud sørger for os."

6. Det fortabte og gjenfundne Faar.
(Mat. 18, 12, 13; Luk. 15, 4—7.)

Mel. There were ninety and nine. (G. H. 2—67.)

Der var engang en Hyrde, en Faarenes Ven
Og han havde et hundrede Faar;
Og han ledte dem daglig til Vandkilder hen
Og til fedeste Græsgang, — og naar
Der var Farer og Sorger han altid var nær
Med sin Hjælp og sin Trøst, thi han havde
                                    dem kjær.

2. Men en Dag var der Et, som løb bort
fra hans Hjord,
Og han kaldte saa kjærligen da,
For om muligt at lokke det hjem, — men det
foer
Da kun værre afsted, bort derfra;
Trods hans Lokken og Raab, over Bjergene
fort,
Det var ilende længer' og længere bort.

3. "Dog, o Herre, saa mange du har jo
endnu,
Ere de ikke nok dog for dig?"
Men han svarer: "O nej, thi nu hele min
Hu
Staar til Faaret som fjernede sig.
Vel er Vejen saa ujevn og stejl, dog jeg
gaar
Gjennem Torne og Farer at finde mit Faar."

4. Der er ingen kan tænke de Smerter han
led,
Da ham Stenene saared' saa slem,
Og da Tornene skrækkelig sønder ham sled,
Og han blodig i Ørk'nen løb frem.
Thi han hørte sit Faar, hvor det klaged' sig
der,
Det var syg, det var hjælpløs og Døden var
nær.

5. "Hvor dit Fodspor er blodigt, o Herre,
saa kjær;
O, hvor kan du saa saaret dog gaa?
Og saa blodige Mærker dit Legeme bær',
At jeg skrækkes at tænke derpaa.
Hvo kan fatte, at du saa møjsommelig gaar
For at frelse saa ussel og ringe et Faar."

6. Hør dog blot, hvor han raaber saa frybe=
fuld hid:
"Del min Glæde, nu fandt jeg mit Faar!"
Og nu Gjenlyden deraf alt svinger sig bid,
Hvor hans Englehær ventende staar.
Hør dog blot, hvor de svare: "nu Sejren er
naaet,
Nu har Jesus dog fundet sit Faar, som var
gaaet!"

---

7. **Vi mødes, snart og vel.**
(Esa. 35, 10.)

Mel. We shall meet beyond the river.

Hist bag Floden skal vi mødes,
Snart og vel, Snart og vel.
Mørket svinder, Skrækken bødes
Snart og vel, Snart og vel.
Med vor tunge Vandring endt,
Sejren vunden, har vi kjendt
Al vor Sorg til Fryd er vendt
Snart og vel, Snart og vel.

2. Vi skal Frydens Harper røre
  Snart og vel, Snart og vel.
Frelsens stærke Magt kundgjøre
  Snart og vel, Snart og vel.
Da i Aar, foruden Tal,
Jubeltonen lyde skal
Yndigt der i Himlens Sal
  Snart og vel, Snart og vel.

3. Jesus se vi; — er ham lige
  Snart og vel, Snart og vel.
Bærer Kronen i hans Rige
  Snart og vel, Snart og vel.
Engle, som hans Budskab bær,
Og i Kampen var os nær,
Elsker, hjælper os og der
  Snart og vel, Snart og vel.

4. Der hver Taareflod skal svinde
  Snart og vel, Snart og vel.
Vi med sødest Jubel finde,
  Snart og vel, Snart og vel,
Alle Kjære, som gik frem
Gjennem Trængslen til hint Hjem,
Staa med Frydeskrig blandt dem
  Snart og vel, Snart og vel.

8. Jesus af Nazareth gaar forbi.
(Mark 10, 47.)

Mel. What means this eager, anxious throng.
(G. H. 2—115.)

Hvad søger Folkeskaren dog,
Som higende forbi her drog?
 Hvad driver dem saa rask afsted?
 Hvad er dog Meningen dermed?
Med dæmpet Røst det Svar faa vi:
"Jesus af Nazareth gaar forbi."

2. Og denne Jesus, hvem er han,
Som Staden saa oprøre kan?
 En Fremmed! — Har han Magt dertil,
 At lede Mængden, som han vil?
Igjen med Fryd det Svar faa vi:
"Jesus af Nazareth gaar forbi."

3. Ja det er Jesus, vi her se,
Som bære vil vor Sorg og Ve,
 De Syges Læge, hvor han gaar
 Den Døve, Lamme Hjælpen faar.
Den Blinde jubler højt forbi
"Jesus af Nazareth gaar forbi."

4. Der kommmer han, hvis Fod paa Jord
Fra Sted til Sted har sat sit Spor.
 Mon blot ved Dør han standser? Nej,
 Han træder ind og bortgaar ej.
Skal vi ej glade stemme i:
"Jesus af Nazareth gaar forbi."

5. O, kom, I som betynget gaa,
I Frelse, Liv og Trøst kan faa.
 I, som forsømte Naadens Tid,
 Vend om! søg Herren nu med Flid.
I Lænkebundne, kom, bliv fri!
"Jesus af Nazareth gaar forbi."

6. Men spotter du hans Naades Røst,
Da er du snart foruden Trøst;
 Thi Jesus grædende bortgaar,
 Og naar i Nød du skriger, faar
Du aldrig mere Svar fordi:
"Jesus af Nazareth g i k forbi."

9. **Jesus kalder nu.**
(Heb. 3, 15.)

Mel. This loving Saviour stands patiently.

Den kjære Frelser,
Paa Taalmod rig,
Skjøndt tidt forkastet,
Atter kalder dig.

Kor: Jesus kalder ømt, Vildfarne,
Kalder nu paa dig;
Du er gaaet langt bort fra ham,
Men han kalder nu paa dig.

2. Ufat'lig Naade,
Frit, frit til Hver!
Vildfarne lyd det
Ømme Kald du hør!

3. Skjøndt hel uværdig,
Kom hjem, tøv ej!
Sig, mens han venter:
Jesus, her er jeg!

---

10. **Hvo som vil.**
(Aab. 22, 17.)

Mel. Whosoever heareth, shout, shout the sound.

Hvo, som tørster, raabe: "Vand er nu her!"
Dette glade Budskab rundt i Verden bær.
Spred den glade Nyhed, hvor der nogen er:
"Den som vil, han komme maa!"

Kor: "Kom kun, hvo som vil! Drik kun, hvo
som vil!"
Kundgjør det i Dal, paa Bjerg og Hav
dertil!
Den Indbydning fra en naadig Gud vi faa:
"Den som vil, han komme maa!"

2. Den, som komme vil, ej tvivlende staa,
Døren aaben er og ind han træde maa,
Jesus Vejen er, og Liv han er ogsaa:
"Den som vil, han komme maa!"

3. "Den som vil!" Det Løfte er just for dig;
"Den som vil!" i Tiden ej forandrer sig;
"Den som vil!" kan nu faa Liv evindelig.
"Den som vil, han komme maa!"

11. **Jeg beder for dig.**

Mel. I have a Saviour, He's pleading in glory.
(G. H. 2—52.)

Jeg har en Frelser, en Midler i Himlen,
En elskende Frelser, skjøndt Venner er faa,
Med Omhed han vaager og plejer mig naadig,
Og, o, at min Frelser var din nu ogsaa!

Kor: For dig jeg nu beder, For dig jeg nu beder,
For dig jeg nu beder; Jeg beder for dig.

2. Jeg har en Fader, som naadig mig giver
Et Haab, saa velsignet og sand. Jeg skal gaa
Ret snart paa hans Kald hjem til Mødet i Himlen.
O, kunde jeg bringe dig med mig ogsaa!

3. Jeg har en Klædning, saa ren og saa herlig,
Den gjemmes i Himlen, snart skal jeg den faa;
Og naar jeg modtager den der med stor Jubel
O, kunde jeg se, du fik een der ogsaa!

4. Jeg har en Fred, den er rolig som Floden,
Og mærk! Verdens Venner den aldrig kan faa;
Min Frelser den naadig blot giver til Sine,
O, blot den var given til dig nu ogsaa!

5. Naar Jesus har fundet dig, sig det til
andre,
At min Frelser nu og er din, god og rig,
Og bed, at din Frelser maa drage dem naadig;
Din Bøn skal bønhøres, som min var for dig.

---

12.   Hvor ere de ni?
(Luk. 17, 12—19.)

Mel. Wand'ring afar from the dwellings of men.

Ti Mænd, spedalske, langt borte staa der;
Hør, hvor de raabe, de tør ej gaa nær:
"Jesus forbarm dig!" og Helbred de fik.
Een kom at takke, men — hvor er de ni?

Kor. Hvor er de ni? Hvor er de ni?
Blev ej ti renset? Hvor er de ni?

2. Ak, blot den Fremmede kommer igjen,
Takker med Fryd sin Velgjører og Ven;
Ydmygt han kaster sig ned for hans Fod.
Jesus ømt klager: o, — hvor er de ni?

3. "Hvo er vel denne?" foragtelig da
Spørge hans Fjender, "hvor er han vel
fra?"
Mange ham følger, blot søgende Tegn.
Vis dem hans Almagts Kraft. Hvor er de
ni?

—(18)—

4. Jesus skal dømmes idag, om man kan!
Tusinder spørge med Spot: "Hvo er han?"
Ak de forkaste ham, din Gud og min!
Bringer ind Vidnerne! — Hvor er de ni?

13. Det bliver Himlen for mig.

Mel. I know not the hour, when my Lord will come.

Jeg ved ej, naar Herren mig sender Bud,
Og fører til Hjemmet sin kjære Brud;
Men jeg ved, jeg deroppe skal skue min Gud,
Og det bliver Ære for mig;
Ja det bliver Ære for mig;
Thi jeg ved, jeg deroppe skal skue min Gud,
Og det bliver Ære for mig.

2. Jeg kjender ej Englenes skjønne Sang,
Ej Lyden af Harpernes glade Klang,
Men jeg ved, jeg skal synge om Jesus en
Gang,
Og det bliver Glæde for mig;
Ja det bliver Glæde for mig;
Thi jeg ved, jeg skal synge om Jesus en
Gang
Og det bliver Glæde for mig.

3. Jeg ved ej, hvorledes min Bolig er,
Og kjender ej Navnet, som der jeg bær,
Men jeg ved, at min Jesus modtager mig
der,

Og det bliver Himlen for mig;
Ja det bliver Himlen for mig;
Thi jeg ved, at min Jesus modtager mig der,
Og det bliver Himlen for mig.

---

14.   Holder Fæstningen.
(Aab. 2, 25.)
Mel. Ho, my comrades, see the signal.

Op nu Stridsmænd, se Signalet,
Som det Bud os bær,
At Undsætning snart vil komme;
Sejren er nu nær.

Kor: "Holder Fæstningen! Jeg kommer!"
Jesus siger saa.
"Ja vi ville, ved din Naade,"
Giv' som Svar derpaa.

2. Se, hvor Satan os belejrer
Med en vældig Hær;
Stærke Helte rundt os falde
Modet sunket er.

3. Se, hist Jesu Sejersfane,
Nu han nærmer sig.
I vor Herres Navn vi skulle
Blive sejerrig

4. Vildt og længe raser Kampen,
Men vor Hjælp er nær.}

Op, fat Mod, se Alt skal vindes,
Jesus kommer der.

15. En Port aaben for mig.
(Aab. 3, 8.)

Mel. There is a gate, that stands ajar.

Der er en Port, som aaben staar
Til Naaden, — mærk det nøje;
Se, gjennem den fra Korset naar
Saa klart et Skin vort Øje.

Kor: O, Naadens Dyb, o, er det saa,
Den Port skal altid aaben staa
For mig! For mig!
For mig skal aaben staa!

2. Den aaben for Enhver skal staa,
Som Naadens Bud annammer,
For Rig og Fattig, Store, Smaa,
Af alle Folk og Stammer.

3. Trods Fjenders Spot, gaa dristig ind,
Dig Jesus kalder kjærlig.
Modtag blot Korset, Kronen vind
Og faa din Arv saa herlig.

4. Ved Jordans-Flodens Bred vi skal
Nedlægge Kors og Byrde,
Og Kronen da i Frydens Sal
Skal bære, hos vor Hyrde.

16. **Hver og En.**

Mel. Free from the law, oh happy condition.

Frigjort fra Loven, Frelse er funden;
Jesus er død, Forløsning er vunden;
Alle har syndet, Ingen er ren,
Kristus har kjøbt os, Hver og En.

Kor: Hver og En, o Synder, blot tro det!
Hver og En, o Broder, tag mod det!
Fly til hans Kors, da bliver du ren,
Kristus har kjøbt os, Hver og En.

2. Frie vi ere, Intet fordømmer,
Jesus som Frelser, Intet forsømmer,
"Kommer til mig," han beder som Ven,
Kom, han vil frelse Hver og En.

3. Tænk dog, hvor stort, Guds Barn sig at
kalde!
Jesus beskytter os fra at falde;
Vi vare døde, — leve igjen;
Herlige Trøst for Hver og En!

---

17. **Hør det banker.**
(Aab. 3, 20.)

Mel. Knocking, knocking, who is there? (G. H. 2—27.)

Hør, det banker! Hvem er der?
Venter, venter taalig her?
Se, det er en herlig Konge;
Aldrig saa jeg saadant før!

—(22)—

O, min Sjæl, ved saadant Under,
Luk dog hastig op din Dør!

2. Hør, han banker! Endnu der?
Venter, venter, kjærlig her!
Døreu haard er at oplukke,
Ukrud, Torne, Syndens Frugt,
Sno sig rundt om Laas og Hængsel
Og vil holde Døren lukt.

3. Hør, han banker! Endnu her?
Venter, venter! O, hvor kjær!
Hør! hans gjennemstungne Hænder
Banker end! — den ømme Ven!
Og hans længselsfulde Blikke
Rettet er paa Døren end.

---

18.   **Red de Elendige.**

Mel. Rescue the perishing. (G. H. 2—32; 3—121.)

Red de omkomnende,
Døende Sjæle,
Drag dem af Syndens det bundløse Dynd.
Græd for Vildfarende,
Ophjælp de Faldne,
Sig dem, at Jesus kan frelse fra Synd.

Kor: Red de omkomnende,
Døende Sjæle,
Jesus saa naadigen
Frelser endnu.

2. Om de ej agte ham,
Dog end han venter,
Kjærlig Bodfærdige tages imod.
Nod dem i Kjærlighed,
Nød dem med Alvor,
Han vil tilgive, er kjærlig og god.

3. Dybt skjult i Hjerterne,
Knuste af Synden,
Følelser ligge, som Naaden kan naa;
Rørte ved Kjærlighed,
Vakte ved Omhed,
Gjenlyd fra Hjertet endnu vi kan faa.

4. Red de Omkommende,
Gud end dig byder,
Naade og Styrke han skjænker dertil.
Søg dog at vinde dem
Tro og taalmodig;
Sig dem, at Jesus end frelse dem vil.

---

19. Ring med Himlens Klokker.
(Luk. 15, 10.)

Mel. Ring the bells of heaven.

Ring med Himlens Klokker! hvilken Fryd
 der er.
Tabte Søn kom fra Forvildelsen.

Faderen ham møder, han langt fra ham ser,
Glæder sig at faa ham hjem igjen.

Kor: Ære, Ære! Hør dog Engles Sang!
Ære, Ære! Hør Guldharpers Klang!
Hør, det er som mange Vandes stærke Lyd,
Naar de Frelste juble højt af Fryd.

2. Ring med Himlens Klokker! hvilken Fryd
er her!
Den Bortløbne Alt tilgiven fik.
Fra sin Syndesmitte, han nu renset er;
Og saa glad han ind i Huset gik.

3. Ring med Himlens Klokker, Fest beredet
er!
Engle! opløft Sejrens Jubellyd!
Spred den glade Nyhed, overalt den bær:
Født paany har Sjælen Fred og Fryd.

---

20. **Sjælenes Hjem.**
(Joh. 14, 2.)

Mel. I will sing you a song of that beautiful land.

Jeg vil synge en Sang om det herlige Land
Saa langt borte, Sjælenes Hjem;
Aldrig Bølger skal slaa mod dets skinnende
Strand,
:,: Medens Evigheds Aar ile frem. :,:
Aldrig Bølger skal slaa mod dets skinnende
Strand,
Medens Evigheds Aar ile frem.

2. I min Aand jeg det henrykt beskuer som nær,
Mit krystalren', jaspisklar' Hjem,
Til jeg synes, et Forhæng blot skiller mig her,
:,: Fra dets Glands, saa klart træder det frem. :,:
Til jeg synes, et Forhæng blot skiller mig her,
Fra dets Glands, saa klart træder det frem.

3. Dette herlige Hjem er for dig og for mig,
Og Jesus, vor Konge der staar
I sin Herligheds Pragt; han os vinker til sig,
:,: Vore Kroner af hans Haand vi faar. :,:
I sin Herligheds Pragt; han os vinker til sig,
Vore Kroner af hans Haand vi faar.

4. O, hvor sødt det vil blive i Himmelens Fryd,
Helt fri fra al Smerte og Sorg,
Der at prise Guds Lam til Guldharpernes Lyd,
:,: Der at mødes paa Himmelens Borg. :,:
Der at prise Guds Lam til Guldharpernes Lyd,
Der at mødes paa Himmelens Borg.

21. Hvad har du gjort for mig?
(Heb. 9, 23.)

Mel. I gave my life for thee. (G. H. 2—59.)

Jeg gav mit Liv for dig,
Fortabte Synder, saa
At Liv evindelig
Du atter skulde faa.
Mit Liv, — o, tænk! — jeg gav for dig,
Hvad har du givet mig?

2. Jeg Fad'rens Himmelborg
Og Herligheden der,
Forlod for Jordens Sorg
Og Strid og Møje her.
Jeg opgav villig alt for dig,
Hvad opgav du for mig?

3. Jeg bar taalmodelig,
Paa Dødens mørke Sti,
Den bitterst' Kval, for dig
Fra Helvede at fri.
Jeg bar det stille alt for dig,
Hvad bærer du for mig?

4. Jeg bragte ned til dig
Min varme Kjærlighed,
Fri Frelse, stor og rig,
Tilgivelse og Fred.
Jeg rige Gaver bragte dig,
Hvad bringer du til mig?

22. Vi vandre hjem imorgen.
(2 Kor. 5, 8.)

Mel. We are going home, No more to roam.

Vi vandre hjem Og er blandt dem,
  Som fri for Synd og Sorgen,
Ej trænges mer I Ørknen her.
  Vi vandre hjem imorgen.
:,: Vi vandre hjem, vi vandre hjem imor=
gen. :,:

2. Vor Fod, nu træt, Skal snart saa let
  Paa gyldne Gader træde;
Vor Hjerteve Blandt Englene
  Forvandles strax til Glæde.
:,: Vi vandre hjem, vi vandre hjem imor=
gen. :,:

3. For Sovende Og Grædende
  Skal Støvets Porte trange,
Opløfte sig Forunderlig
  Til Himlen og dens Sange.
:,: Vi vandre hjem, vi vandre hjem imor=
gen. :,:

4. O, Fryderaab, O, kjøbte Hob!
  Hvor Synd ej skiller mere.
Vor Konge nær, Vi skue der,
  Skal evig hjemme være.
:,: Vi vandre hjem, vi vandre hjem imor=
gen. :,:

23.   Jesus elsker mig.
"Gud er Kjærlighed." (1 Joh. 4, 8.)
Mel. I am so glad, that my Father in heaven.

Jeg er saa glad, at Guds Ord mig har sagt,
Jesus en evig Forsoning har bragt.
Underfuld Ting jeg i Bibelen ser,
Det er det største: "mig Jesus har kjær."

Kor: Jeg er saa glad, at Jesus er min,
         Jesus er min, Jesus er min,
         Jeg er saa glad, at Jesus er min,
         Jesus er evig min.

2. Jeg er saa glad, at min Fader og Gud
Gav mig sin Søn og han tog mig til Brud,
Nu kan jeg komme til Faderen nær
Glad og frimodig: "Mig Jesus har kjær."

3. Gaar jeg fra ham og han nævner mit Navn,
Strax jeg mig kaster igjen i hans Favn;
Hvor kan jeg andet, naar han til mig ser?
Blot jeg erindrer: "Mig Jesus har kjær."

---

1. Jesus mig elsker, og jeg elsker ham.
Han for mig døde, det kjære Guds Lam.
Synden og al min Forsmædels' han bær,
O, jeg er vis paa: "Mig Jesus har kjær."

2. Spørger mig nogen, som undres derpaa,
Hvor kan du vide, at dette er saa?

—(29)—

Jeg har Forvisning og sikkert det er,
Guds Aand bevidner: "Mig Jesus har
kjær."

3. Denne Forvisning har given mig Ro;
Pris være Jesus, at jeg nu kan tro!
Han al min Glæde og Rigdom blot er,
O, hvilken Lykke: "Mig Jesus har kjær."

4. Hvilende rolig i Frelserens Skjød,
Fristelser dæmpes af Kjærligheds Glød;
Satan maa bortfly og bliver ej nær,
Naar jeg ham siger: "Mig Jesus har kjær."

5. Jesus, din Kjærlighed skal jo engang
Blive alene for evigt min Sang;
Naar jeg din Skjønhed beundrende ser,
O, da jeg jubler: "Mig Jesus har kjær."

---

24. Fryd dig og vær glad.
(Esa. 29, 19.)

Mel. Rejoice and be glad. (G. H. 2—129.)

Fryd dig og vær glad, Gud en Frelser os
gav,
Gaa, sku dog hans Krybbe, hans Kors og
hans Grav.

Kor: Syng ham Lovsang, Giv ham Ære,
Han døde, vor Ven;

Mød med Jubel, sig med Glæde,
Han lever igjen.

2. Fryd dig og vær glad, det er Solskin igjen.
Se Skyerne spredtes, hver Skygge svandt hen.

3. Fryd dig og vær glad, se ved Blodet, nu alt
Vor Frelse er fuldbragt og Gjælden betalt.

4. Fryd dig og vær glad, den Retfærdige er
For Synderen død, og fri Frelse er her.

5. Fryd dig og vær glad, se Guds slagtede Lam
Besejrede Døden, vi opstod med ham.

6. Fryd dig og vær glad, thi vor Konge hver Dag
Fremtræder for os og vil føre vor Sag.

7. Fryd dig og vær glad, Se vor elskede Ven,
Sejrherren, snart kommer i Skyen igjen.

Kor: Syng ham Lovsang, Giv ham Ære,
Han døde, vor Ven;
Mød med Jubel, Sig med Glæde,
Han kommer igjen.

25. **Opliv os igjen.**

Mel. We praise Thee O Lord, for th Son of Thy love.

Vi prise dig Gud, for din Søn du os gav,
Som døde for os, men opstod af sin Grav.

 Kor: Halleluja, din er Æren,
   Halleluja, Amen!
   Halleluja, din er Æren,
   Opliv os igjen!

2. Vi prise dig Gud, for din Hellige Aand,
Som drog os til Jesus og løste vor' Baand.

3. Al Ære og Pris være Lammet, som bar
Vor Synd, og hver Plet nu helt aftvættet
     har.

4. Al Naadens Gud modtag vor Tak! du
     vor Sjæl
Har kjøbt dyrt, og søgt tro og ledet saa vel.

5. Fyld du hvert et Hjerte, Opliv os igjen!
Med Kjærlighedsilden fra Himlen os tænd.

---

26. **Alting for Jesus.**
(Ap. G. 9, 6.)

Mel. Saviour, thy dying love.

Frelser! Din Kjærlighed
 Du skjænkte mig,
Derfor, hvad Godt jeg veed,
 Bør gives dig.

Jeg knæler for dig her,
Min Gave glad frembær,
Jeg selv det Offer er.
　Alting for dig.

2. For Naadens Trone du
　　Fremstaar for mig;
Min svage Tro frit nu
　　Ser op til dig.
Hjælp Korset tage op,
Dig prise glad i Haab,
Med Bøn og Fryderaab.
　Alting for dig.

3. Giv trofast Hjertelag,
　　Alt mer lig dig,
Saa det hver henflydt Dag
　　Maa vise sig,
Jeg søger gjøre vel,
I dit Værk tager Del,
Ophjælper falden Sjæl.
　Alting for dig.

4. Alt, hvad jeg er og har,
　　Jeg giver dig;
Det først din Gave var,
　　Du frit gav mig.
Naar hist jeg staar dig nær,
Dit kjære Ansigt ser,
Jeg ret forstaar du er
　Alting for mig.

—(33)—

27. **Gaa ej mig forbi.**

Mel. Pass me not, O gentle Saviour.

Tag mod mig, o milde Frelser!
O, gjør du mig fri!
Da du andre naadig kalder,
Gaa ej mig forbi!

Kor: Frelser, Frelser, tag mig, gjør mig fri!
Da du andre naadig kalder,
Gaa ej mig forbi!

2. Lad mig her for Naadens Trone
Finde Fred og Ro,
Giv mit længselsfulde Hjerte
Naade til at tro!

3. Jeg min Tillid ene sætter
Til dit Blod og Død;
Sjælen, sønderknust i Anger,
Giv dog Hvile søt.

4. Du min rette Trøstens Kilde,
End paa Naade rig,
Ingen dog paa Jord, i Himmel,
Har jeg lig med dig!

28. **En Arbejdsdag for Jesus.**
(Joh. 9, 4.)

Mel. One more day's work for Jesus.

En Arbejdsdag for Jesus
Svandt hen saa lykkelig;

Mer kjær han kjendes
Hver Dag, som endes,
Og Himlen nærmer sig;
Hans Kjærlighed
Gi'er Sjælen Lys og Fred.

Kor: En Arbejdsdag for Jesus
Svandt hen saa lykkelig.

2. En Arbejdsdag for Jesus!
Hvor kjært jeg finder det,
Med Fryd hans Ynde
Højt at forkynde!
Og Sjælen jubler ret
At tænke sig,
Min Jesus kjøbte mig.

3. En Arbejdsdag for Jesus!
Hvor sødt og kjært det er
Hans Sandhed sprede,
Hans Pris udbrede
Iblandt hans Flok, saa kjær;
Det straaled' ind
I mit, før mørke Sind.

4. En Arbejdsdag for Jesus!
Skjøndt ofte tung den er,
Hvert Skridt jeg tager,
Mig hjemad drager,
Og Himlen straaler mer.
Tænk, Jesus se!
Det dæmper al min Ve!

4. J, Troende, med Fryd gaa frem,
Thi Eder gives der,
En herlig Forsmag fra vort Hjem
Af evigt Liv alt her.

5. Om Sejren over Satans Magt,
Syng frelste Sjæle kun;
Vi overvinde, har han sagt,
Med ham i Dødens Stund.

---

31. "Endnu mer skal følge."
(2 Kong. 4, 6.)

Mel. Have you on the Lord believed?

Har du paa din Jesum troet?
  Endnu mer skal følge;
Har du af hans Naade faaet?
  Endnu mer skal følge.
Fad'rens Naade, o, hvor stor!
  Endnu mer skal følge;
Gives frit til hver, som tror,
  Endnu mer skal følge.

  Kor: Mer og mer, mer og mer,
    Altid mer skal følge;
    O, hans dybe Kjærlighed!
    Endnu mer skal følge.

2. Har du følt din Frelser nær?
  Endnu mer skal følge;

Har det dig oplivet her?
Endnu mer skal følge.
Jesu Kjærlighed, hvor stor!
Endnu mer skal følge;
Gives frit til hver, som tror,
Endnu mer skal følge.

3. Har du her følt Aandens Kraft?
Endnu mer skal følge;
Har hans Naades Regn du havt?
Endnu mer skal følge.
Aandens Virkning, o, hvor stor!
Endnu mer skal følge;
Gives frit til hver, som tror,
Endnu mer skal følge.

32. **Velsign mig.**
(2 Kor. 6, 2.)

Mel. Heavenly Father bless me now.

Mig velsign, Gud, Fader kjær!
Jeg ved Korset knæler her;
Al min Skyld og Frygt borttag,
Hør og læg mig nu idag.

  Kor: Mig velsign, mig velsign,
        Kjære Fader, mig velsign!

2. Herre, nu! — som du har sagt,
Send din Naade, vis din Magt;
Mens jeg hviler paa dit Ord,
Kom, velsign mig nu! — jeg tror!

3. Nu! for Jesu Skyld, mig fryd!
Bortjag Mørket, Lænker bryd,
Mens jeg raaber, til dig ser,
Rør mig! Rens mig! — før jeg dør.

4. Aldrig før jeg saa tilbad,
Rørt saa dybt, — nu mig oplad!
Nu er Tiden! Stedet her!
Vis din Naade, Fader kjær.

---

33. **Hvor har du sanket idag?**
(Ruth 2, 19.)

Mel. Weary gleaner, whence comest thou?

Sp: Sorgfuld' Samler, hvor kom du fra,
Tomhændet og nedslagen, da
Du gaar saa ensom, taus og svag;
Hvor har du sanket Ax idag?

Sv: Sent en nøgen Mark jeg fandt,
Men Alt var borte, Haabet svandt;
Andre gyldne Neg bortbar,
Straa, blot Straa kun til mig der var.

Kor: Il til Høstmarken, glad og fro,
Sank du Haandfulde og vær tro,
Hele Dagen i Marken vær,
Nær Høstfolkene, sank du der.

2. Sp: Daarlig' Samler, hvad har du der?
Blot visne Blomster, og du er

—(40)—

Hungrig og tørstig, har blot Nag;
Hvor har du sanket Ar idag?

Sv: Jeg i skyggerigest Lund
Glad skjønne Blomster søgte kun;
Jeg forsent ser Tiden gaaet,
Blot Forfæng'lighed har jeg faaet.

3. Sp: Trætte Samler, du Nege bær,
Skjøndt træt, jeg ser du glad dog er,
Synger af Fryd og med Behag;
Hvor har du sanket Ar idag?

Sv: Skjøndt den Gjerning synes sen,
Jeg sanked' tro dem een for een
Overalt, hvor jeg gaar frem,
Nær Høstfolkene fandt jeg dem.

---

34. **Ak, mit Hjerte.**
(Mat. 11. B.)

Mel. Ah, my heart is heavy laden.

Ak mit Hjerte er bebyrdet,
 Træt, ulykkelig!
:,: Jesus siger: "her er Hvile,
 Kom til mig!" :,:

2. Har han Mærker, saa jeg kjender
 Ham som Leder her?
:,: "I hans Haand og Fod og Side
 Mærker er." :,:

3. Bærer han en Kongekrone,
   Jesus, Herren kjær?
   :,: "Ja en Krone vist, men, se, den
   Torne er." :,:

4. Naar jeg finder ham og følger,
   Hvad skal jeg opnaa?
   :,: "Mange Sorger, Strid og Taarer
   Skal du faa." :,:

5. Om jeg trolig bliver nær ham,
   Hvad faar jeg tilsidst?
   :,: "Over Sorg og Strid og Døden
   Sejren vist." :,:

6. Beder jeg ham mig modtage,
   Vil han sige: Nej?
   :,: "Nej! — forgaar end Jord og Himmel,
   Det sker ej!" :,:

35. Jeg skylder Jesus Alt.
(1 Ptr. 2, 24.)

Mel. I hear the Saviour say.

Din Kraft kun liden er,
Saa har min Frelser talt,
Du Svage, vaag og bed,
Og find i mig du Alt.

Kor: Jesus har betalt,
Ham jeg skylder Alt,
Hvor en blodrød Syndplet var,
Han snehvid toet den har.

2. I Sandhed finder jeg,
Din Kraft blot, du min Ven,
Spedalske renser og
Stenhjerter smelter hen.

3. Jeg Naade blot begjær;
I mig er intet godt;
Jeg toer min Klædning hvid
I Lammets Blod nu blot.

4. Naar fra min Dødsseng fri
Min Sjæl opsvinger sig,
At "Jesus har betalt!"
Er Trøst og Fryd for mig.

5. Naar jeg fuldkommen staar
For Tronen ved hans Blod,
Hvert Sejrens Tegn jeg ned
Vil lægge for hans Fod.

36. Han elsker bedst.
(Ordsj. 18, 24.)

Mel. One there is above all others.

Een der er, som fremfor andre
  Os elsker mest;
Brødre ofte sig forandre,
  Han elsker bedst.
Jordisk' Venner svige kunne,
Snart de trøste, snart misunde,

Men han sviger ingenlunde,
  Han elsker bedst.

2. Evigt Liv, det er, ham kjende,
  Han elsker mest.
O, hans Naade uden Ende!
  Han elsker bedst.
Dødens Kval han for os smagte,
Fandt os og til Liv os vakte,
Til sin Flok han frelst os bragte,
  Han elsker bedst.

3. Ønsker du hans Egen blive?
  Han elsker mest.
Hjertet helt du da ham give,
  Han elsker bedst.
Sørg ej mer for Morgendage
Trøst fra Fortids Hjælp du drage,
Jesus al din Sorg vil tage,
  Han elsker bedst.

4. Al din Synd vil han tilgive,
  Han elsker mest.
Fjender vil han fra dig drive,
  Han elsker bedst.
Rig Velsignelse er rede,
Han vil kjærlig om dig frede,
Sikker dig til Himlen lede,
  Han elsker bedst.

37. Sig mig den gamle Sandhed.

Mel. · Tell me the old, old Story.

Sig mig den gamle Sandhed
Om Jesu Kjærlighed,
Hans Blod og Død og Naade
Og Himlens Fryd og Fred.
Sig mig den nu saa simpel,
Som til et lidet Barn;
Thi jeg er svag og hjælpløs
I Fristelsernes Garn,

Kor: :,: Sig mig den gamle Sandhed, :,:
Sig mig den gamle Sandhed,
Om Jesu Kjærlighed.

2. Sig mig den Sandhed langsomt
At jeg kan den forstaa;
Den underfulde Frelse
Jeg kan hos Jesus faa.
Sig mig den Sandhed ofte,
Jeg glemsom er, — vær kort,
At ei som Duggens Perler
Den svinder hastig bort.

3. Sig mig den Sandhed venligt,
Vær mild og alvorsfuld;
Jeg syndig er, men Jesus
Vil være øm og huld.
Sig mig den Sandhed stedse,
Hvor god Gud er og rig,
Om du i Sorgens Tider
Ret ønsker trøste mig.

4. Sig mig den gamle Sandhed,
Naar du har Frygt for mig,
At Verden skal forvilde
Og drage mig til sig.
Naar engang Dødens Skygger
Sig sænke paa min Sjæl,
Sig mig den gamle Sandhed:
"Alt Jesus har gjort vel!"

38. Det fortabte Barn.

Mel. Come home! Come home!

Kom hjem! Kom hjem!
Fra Forvildelsens Ørk;
Ak, din Vej er saa mørk,
Og saa øde og vild.

Kor: O, bortløbne Barn,
Kom hjem! O, kom hjem!
Kom hjem! Kom! o, kom hjem!

2. Kom hjem! Kom hjem!
Du er hungrig og træt,
I Elendigheds Næt,
Og dit Hjerte er saar'.

3. Kom hjem! Kom hjem!
Her ved Porten vi staa
Og se Mørket fremgaa,
Og vi ængstes for dig.

4. Kom hjem! Kom hjem!
O, du er os saa kjær,
Og velkommen du er,
Derfor frygt nu blot ej.

5. Kom hjem! Kom hjem!
O, saa kom dog, o, il
Bort fra Fristerens Smil,
Og fra Synd og fra Skam.

6. Kom hjem! Kom hjem!
Vore Hjerter mod dig
Slaa saa ømt. — Gud er rig,
Her er Brød, mer end nok.

---

39. Jeg elsker højt den Sandhed.
Mel. I love to tell the Story.

Jeg elsker højt den Sandhed
Om Jesu Kjærlighed,
Hans Naade og hans Ære,
Hans Himmelherlighed.
Den Sandhed er saa vigtig
Og kjær som den er sand,
Den mætter al min Længsel,
Som intet Andet kan.

Kor: Jeg fryder mig med Rette,
For Hver og Een berette
Den gamle, gamle Sandhed
Om Jesu Kjærlighed.

2. Jeg elsker højt den Sandhed;
Mer underfuld den er
Hver Gang jeg paa den tænker,
Og bliver mere kjær.
Jeg elsker højt den Sandhed,
Den gjorde Alt for mig,
Og dette er just Grunden,
Jeg siger den til dig.

3. Jeg elsker højt den Sandhed,
Og tidt gjentager den,
Og viser andre gjerne
Til Mest'ren, Jesus, hen.
Den Sandhed jeg fortæller,
At Mangen, som ej tror,
Kan Naadens Budskab høre
Om Jesus af Guds Ord.

4. Jeg elsker højt den Sandhed;
Selv de, som hør den mest,
End mere hungre, tørste,
Og elske den da bedst.
Snart jeg i Himlen synger
Den nye Sang, saa kjær,
Om denne gamle Sandhed.
Som jeg har elsket her.

40. Hellig Aand, Vejleder tro.
(Psl. 32, 8.)

Mel. Holy Spirit, faithful guide.

Hellig Aand, Vejleder tro,
Altid nær, og giver Ro,
Om og kjærlig led os frem
Gjennem Ørknen til vort Hjem,
Trætte Sjæle fyld med Trøst,
Mens de hør' den sødest' Røst
Hviske stille: kom med mig,
Følg mig, jeg vil lede dig.

2. Altid nær, trofastest' Ven
Med din Hjælp og Trøst igjen;
Lad i Tvivl og Skræk os ej
Famle om i Mørket, — nej!
Raser Storm paa Verdens Sø,
Hjertet bæver, Haab vil dø,
Hvisk da stille: kom med mig,
Følg mig, jeg vil lede dig.

3. Naar vi, trætte, Enden se,
Venter stille sødt at dø,
Har blot Bøn og Himlen nær,
Undrer om vort Navn er der,
Vader dybt i Skrækkens Flod,
Stoler blot paa Kristi Blod,
Hvisk da stille: kom med mig,
Følg mig, jeg vil lede dig.

41. Verdens Lys er Jesus.

(Joh. 8, 12.)

Mel. The whole world was lost in darkness.

Al Verden fortabt var i Mørke og Nød,
Men det Verdens Lys er Jesus;
Som Middagens Solskin han herlig frem=
brød,
Thi det Verdens Lys er Jesus.

Kor: Kom til det Lys! det skinner for dig;
Herlige Lys! det frembrød for mig;
O, jeg var blind, men nu kan jeg se;
Thi det Verdens Lys er Jesus.

2. Ej Mørke vi har, naar vi følge Guds
Lam,
Thi det Verdens Lys er Jesus;
Vi vandre i Lyset, naar vi lyde ham,
Thi det Verdens Lys er Jesus.

3. Lev ikke i Mørket, forblindet ej staa!
Thi det Verdens Lys er Jesus;
Han siger: "gaa, to Eder;" — Lys skal
opgaa;
Thi det Verdens Lys er Jesus.

4. Ej Sollys behøves i Himlen, o, hør!
Thi det Verdens Lys er Jesus.
Og Lammet er Solen, hvor Ingen mer bør,
Thi det Verdens Lys er Jesus.

42. **Den Hellig=Aand.**

(Tre Formaningsord: Modstaa ikke! Bedrøv ikke! Udsluk ikke!)

Mel. The Spirit, oh, Sinner, in mercy doth move.

Guds Aand vil nu, Synder,
Ømt røre dig her,
Saa Synden med Anger
Du føler og ser;
M o d s t a a i k k e A a n d e n,
Opsæt ej din Sag,
Guds Naades Indbydning
Kan endes idag.

2. Adlyd, — Barn af Riget, —
Den kaldende Røst,
Bliv fyldt nu af Aanden
Med Fred og med Trøst;
B e d r ø v i k k e A a n d e n,
Som drager dig saa,
At Jesus, din Frelser,
Forherliges maa.

3. Er Templet besmittet,
Dets Skjønhed snart endt,
Er Ilden paa Alt'ret
Nu næsten udbrændt,
Den opflammes atter
Ved Kjærlighed her;
U d s l u k i k k e A a n d e n!
Se, Herren er nær!

—(51)—

43. **Jesu Kors.**

(Ordsp. 14, 26.)

Mel. Beneath the Cross of Jesus.

Her under Korset ene
  Mit Bo jeg finde kan,
En Klippe, høi og skyggefuld,
  I dette tørre Land,
Et roligt Hjem i Ørknen her,
  En Hvile paa min Vej
Fra Dagens Hede, Solens Stik,
  Her Byrden trykker ej.

2. O, Skjul, saa kjær og sikker,
  O, Tilflugt, prøvet godt.
O, Hvileplads, hvor Kjærlighed
  Og Retfærd mødes blot;
Som til hin Guds Mand fordum var
  I Drømme vist saa nær,
Jeg synes, Jesu Kors for mig
  En Himmelstige er.

3. Men udenfor dets Skygge
  Jeg ser med Bæven ned,
En Afgrund mørk og skrækkelig
  Sig aabner dyb og bred;
Imellem os dog Korset staar
  Med Arme udstrakt', der,
En Vægter lig, advarer mig,
  Hvor Afgrundsdybet er.

4. Paa Korset jeg i Aanden
   Tidt skuer Een for mig,
Som der i Dødskamps Kval og Ve
   Har lidt saa skrækkelig;
Mit slagne Hjerte, taarefuld,
   To Undre ser og ved:
Hans store, dybe Kjærlighed
   Og min Uværdighed.

5. O, herlig' Kors! din Skygge
   Er nu mit Hvilested;
Og Naadens Sollys straaler fra
   Hans kjære Aasyn ned.
Tilfreds om Verden viger bort
   Jeg ser ved dig nu godt:
Det syndfuld' Jeg blot er min Skam,
   Min Ære Korset blot.

---

44.   **Den nye Sang.**
(Aab. 14, 3.)

Mel. With harps and with viols there stand.

En Skare, utallig, med Harper staar nær
Jesu Trone i Himlen, stor Jubel er der:
Kor: Han, som har i sit Blod os fra Synd
                             tvættet ren.
        Og os elsket, — ske Ære for evigt! Amen.

2. Besmittede Syndre de vare engang
Nu iført hvide Klæder, hør blot deres Sang:

3. Oprøreren gjør han til Konge og Præst;
Han har kjøbt os og lært os den Sang som
er bedst:

4. Hvor hjælpløs' og haabløs' vi Syndere
stod,
Om han ikke os elsked' og toer i sit Blod:

5. Opløfter nu Røsten, lovsynger ham her
Saa at andre, som tro, ham at prise og lær:

---

45. **Nær Korset.**
(Kol. 1, 20.)

Mel. Jesus, keep me near the cross.

Jesus, hold mig nær dit Kors;
Der en herlig Kilde,
Lægende og frit til hver,
Flyder aarle, silde.

Kor: Korset blot, Korset blot,
Evig er min Ære,
Til min jubelfyldte Sjæl
Hist skal Kronen bære.

2. Nær ved Korset, angerfuld,
Naaden mig oplebte,
Morgenstjernens Straaleglands
Der med Lys mig klædte.

3. Nær ved Korset! Lad mig se
Hvad for mig der skete;

I dets Skygge, Jesus, du
Altid mig omfrede.

4. Nær ved Korset venter jeg,
Vaager, haaber, hviler,
Indtil frydefuld jeg til
Jesu Møde iler.

46. O, syng om hans Kjærlighed.
(Esa. 63, 1.)

Mel. Oh, bliss of the purified, bliss of the free.

O, Naade for hver, som blev renset og fri!
Den aabnede Purpurflod tvættes jeg i!
At Jesus har frelst mig og løst Syndens
Baand,
Jeg viser til hans gjennemgravede Haand.

Kor: O, syng om hans Kjærlighed,
Syng om hans Kjærlighed,
Syng om hans Kjærligheds
Frelsende Magt.

2. O, Salighed! Jesus er min! — Alt er
vel!
Fordømmelsens Skræk ej mer tærer min
Sjæl;
Bevidst om min Frelse, min Pris svinger sig
Til Jesus, hvis Ansigts Lys skinner paa mig.

3. O Fryd for de Rene i Hjerte og Sjæl!
Hvert Hjertesaar læger hans Blod nu saa vel;

Hver sorgbøjet Hoved faar Hvile og Trøst,
Hver Taare aftørres ved hans hulde Bryst.

4. Korsfæstede Jesus! Mig drog til dig hen,
Velsignede Frelser, min Konge og Ven;
Min henrykte Sjæl over Graven faar Sejer,
Det "Mægtig at frelse" — Dødsfrygten op=
vejer.

---

47. **Ej nu, mit Barn.**
(Ps. 55, 7—9.)

Mel. Not now, my child, a little more.

Ej nu, mit Barn, — endnu lidt mer Om=
tumlen
Paa oprørt Hav, hvor stærk du drives frem,
Lidt længer Vandring her i Ørknens Mørke
Og da, — Solskinnet i din Faders Hjem.

2. Ej nu! — Se hine Vandr'er i det Fjerne,
Som du med kjærlig Omhed kalde maa;
Ej nu! — thi jeg har Faar paa hine Bjerge,
Og du maa følge dem, hvorhen de gaa.

3. Ej nu! — Jeg Kjære har, bedrøvet,
trætte,
Opmuntre dem for mig, tro, øm og blid;
Og Syge trøst i deres dybe Sorger,
Vil du ej pleje dem en liden Tid?

4. Ej nu! — Dybt saaret Hjerter haardt
        end bløde;
For mig med Trøst og Hjælp til Enker gaa,
End Faderløses Taarer ængst'lig falde,
Med Omhu's Vinger ømt de dækkes maa.

5. Til Døende med Jesu Navn du ile,
Udtal det glad med dets livgivend' Kraft;
Lad ej dit tunge Hjerte træt forsage,
Vaag tro! og mind dig Hjælpen du har havt.

6. En liden Stund! og da du herlig krones,
Faar gylden Harpe, Sejerspalmens Fryd;
En liden Stund! — og da dit Halleluja
Med Evighedens rene Jubellyd.

48. Hver Dag og Stund.
(Ps. 51, 3, 4.)

Mel. Saviour, more than life to me.

Frelser, mer end Liv for mig,
Jeg mig klynger, klynger tæt til dig;
Lad din blodig' Haand, mig bær',
Holde evig, evig mig dig nær.

Kor: Hver en Dag, hver en Stund
    Jesu rens du Hjertets Grund!
    Lad din Kjærlighed til mig
    Binde nærmer', nærmer' mig til dig!

2. Her i Verden, Urons Hjem,
Ømt og kjærlig, kjærlig led mig frem;
Ved din Haand, o, Jesu mild,
Jeg kan aldrig, aldrig her gaa vild.

3. Hold mig fast til Bud er sendt,
At min korte, korte Tid er endt,
Til jeg i dig taber mig,
J mit lyse, lyse Hjem hos dig.

49. Den underfulde Gave.
(Eph. 2, 8.)

Mel. Grace, this a charming sound.

O, Naade!! — Hvilket Ord!
Hvad Velklang har dets Lyd;
J Himmelen og her paa Jord,
Gjenlyder det med Fryd.

Kor: "Frelst af Naade blot," —
Er min Grund og Trøst;
Jesus er for alle død,
Og mig han har gjenløst.

2. O, Naaden blot forstod
En Oprørsslægt at naa;
Dens Maade og dens Vej var god
At Planen udført faa.

3. O, Naaden har min Fod
Paa Herrens Veje sat,
Den styrker det snart sunkne Mod
J Fristelsernes Nat.

4. O, Naaden krone skal
Alt, hvad den har udført;
Snart se vi hist i Himlens Sal
Dens Gjerning helt fuldført.

50. **Dyrebare Løfter.**

(2 Ptr. 1, 4; Ps. 32, 8.)

Mel. Precious promise, God hath given.

Dyre Løfter, Gud har givet,
Til den trætte Vandrer her;
Han vil styre alt i Livet,
Lære, lede, hjælpe hver.

Kor: Han vil lede, Dig omfrede,
Mens til Himlen hjem du gaar,
Fra det Høje, Ser hans Øje
Alt i Lyset, Alt forstaar.

2. Om end Frist'ren nær har vunden,
Og selv kjække Vægtre fly,
Han er altid tro befunden,
Han gi'er Styrke, Sejr og Ly.

3. Naar de tause Haab vil svinde,
Sænkes ned i Tidens Grav,
Du skal trofast da befinde
Hvert et Løfte, han dig gav.

4. Naar snart Livets Skygger længes,
Tiden kommer, du skal dø,
Da din Leder, naar du trænges,
Hjælper over Skrækkens Sø.

3. Hold mig fast til Bud er sendt,
At min korte, korte Tid er endt,
Til jeg i dig taber mig,
I mit lyse, lyse Hjem hos dig.

49. Den underfulde Gave.
(Eph. 2, 8.)

Mel. Grace, this a charming sound.

O, Naade!! — Hvilket Ord!
Hvad Velklang har dets Lyd;
I Himmelen og her paa Jord,
Gjenlyder det med Fryd.

Kor: "Frelst af Naade blot," —
Er min Grund og Trøst;
Jesus er for alle død,
Og mig han har gjenløst.

2. O, Naaden blot forstod
En Oprørsslægt at naa;
Dens Maade og dens Vej var god
At Planen udført faa.

3. O, Naaden har min Fod
Paa Herrens Veje sat,
Den styrker det snart sunkne Mod
I Fristelsernes Nat.

4. O, Naaden krone skal
Alt, hvad den har udført;
Snart se vi hist i Himlens Sal
Dens Gjerning helt fuldført.

50. **Dyrebare Løfter.**

(2 Ptr. 1, 4; Ps. 32, 8.)

Mel. Precious promise, God hath given.

Dyre Løfter, Gud har givet,
Til den trætte Vandrer her;
Han vil styre alt i Livet,
Lære, lede, hjælpe hver.

 Kor: Han vil lede, Dig omfrede,
   Mens til Himlen hjem du gaar,
   Fra det Høje, Ser hans Øje
   Alt i Lyset, Alt forstaar.

2. Om end Frist'ren nær har vunden,
Og selv kjække Vægtre fly,
Han er altid tro befunden,
Han gi'er Styrke, Sejr og Ly.

3. Naar de tause Haab vil svinde,
Sænkes ned i Tidens Grav,
Du skal trofast da befinde
Hvert et Løfte, han dig gav.

4. Naar snart Livets Skygger længes,
Tiden kommer, du skal dø,
Da din Leder, naar du trænges,
Hjælper over Skrækkens Sø.

51. **Han leder mig.**

(Ps. 23, 2.)

Mel. He leadeth me.

Han leder mig! min største Skat,
Paa Glædens Dag, i Sorgens Nat;
O, Ord paa himmelsk Trøst saa rig,
Min Jesu Haand, den leder mig.

Kor: Han leder mig, han leder mig,
Hans egen Haand den leder mig,
Han trofast drog mig hen til sig,
Og nu bestandig leder mig.

2. Har dybest Mørke lagt min Aand
I Sorgs og Længsels haarde Baand,
Ja, om han da end skjuler sig,
Dog tror jeg fast han leder mig.

3. Han har mig sagt: "nu er jeg din;"
Hans Haand jeg holder fast i min,
O, er jeg dog ej lykkelig,
I hvor jeg gaar, han leder mig.

4. Ja, naar min Vandringstid er endt,
Og han sit Englebud har sendt,
Ej Dødens Flod skal sluge mig,
Thi ogsaa da han leder mig.

52. **Jesu Dag.**

(Heb. 9, 28.)

Mel. Down lifes dark vale we wander.

Vi gaa i Ørknens Taage
 Til Jesu Dag;
Vi undre, vente, vaage
 Til Jesu Dag.

Kor: Al Fryd han Sine bringer,
   Paa Jesu Dag;
  Al Pris i Himlen klinger,
   Paa Jesu Dag;
  Al Skjønhed, klar og kjærlig,
   Paa Jesu Dag;
  Al Ære, evig, herlig,
   Paa Jesu Dag.

2. O, maa min Lampe brænde
 Til Jesu Dag!
Jeg længes hjem at vende
 Til Jesu Dag.

3. Ej Hjertesorg skal være
 Paa Jesu Dag,;
Al Fred og Fryd og Ære
 Paa Jesu Dag.

4. Ej Tvivl og Frygt skal kjendes
 Paa Jesu Dag;
Til Lys skal Mørket vendes
 Paa Jesu Dag.

5. Han ved hvor haardt vi trængtes
   Til Jesu Dag;
Hvor efter ham vi længtes
   Til Jesu Dag.

6. Snart bort fra Sorg jeg iler
   Paa Jesu Dag;
Og i hans Skjød mig hviler
   Paa Jesu Dag.

---

53.   **Hvid som Sne.**
(Esa. 1, 18.)

Mel. What? Lay my sins on Jesus.

Hvad? — "Læg din Synd paa Jesus!"
   Der siges. — Det er stort!
Men, hvilken herlig Sandhed,
   At Gud det Alt har gjort!

    Kor: :,: Halleluja! Jesus frelser,
        Han gjør mig hvid som Sne! :,:

2. Ja! — Hvilken vigtig Sandhed
   For hver, som Troen har.
Paa ham Gud Synden lagde,
   Den hele Skyld han bar.

3. Hvad? — "Bring din Skyld til Jesus!"
   Hver Plet hans Blod aftor.
Se Frihedsbrev er givet
   Til hver, som paa ham tror.

54. **Just som jeg er.**

(Joh. 6, 37.)

Mel. Just as I am, without one plea.

Just som jeg er, da jeg blot har
Dit Blod til eneste Forsvar,
Og du mig selv indbuden har,
Jeg kommer, o Guds Lam, til dig.

2. Just som jeg er, da jeg kan ej
Mig rense selv fra Synd, o nej,
Du selv er ene Fredens Vej,
Jeg kommer, o Guds Lam, til dig.

3. Just som jeg er, omdreven her
Af Tvivl og mange Fristelser,
Jeg i Anfægtnings Prøver er,
Og kommer, o Guds Lam, til dig.

4. Just som jeg er, arm, ussel, blind,
Du blot ved Aandens Naadesvind
Kan læge mit syndsyge Sind;
Jeg kommer, o Guds Lam, til dig.

5. Just som jeg er, kom mig ihu,
Thi rense Sjælen kan blot du;
Jeg tror dit Løftes Ord og nu
Jeg kommer, o Guds Lam til dig.,

55. **Idag.**
(Pj. 95, 7.)

Mel. To-day the Saviour calls.

Idag hør Jesu Røst,
  Vildfarne kom;
Du gaar foruden Trøst,
  O, vend dog om.

2. Idag der Skjul end er
  For al din Skam,
I Templet du dig her
  Nedkast for ham.

3. Idag, til Jesu Saar
  Nu il med Hast,
At Dommens Skræk ej naar
  Dig holde fast.

4. Idag hør Aandens Kald;
  Bedrøv ham ej,
Nu, lyd ham, saa han skal
  Ej gaa sin Vej.

---

56. **Den store Læge.**
(Jer. 8, 22.)

Mel. The great Physician now is near.

Den store Læge er nu nær,
Den medynksfulde Jesus.
Bedrøvet Hjerte! Trøst er her,
O, hør hans Røst, din Jesus!

Kor: Sødest' Lyd i Engles Sang,
Navn, som har den bedste Klang,
Herligst' Jubelraab engang,
Jesus, hulde Jesus.

2. Din store Synd tilgiven er,
O, hør hans Røst, din Jesus!
Gaa glad til Himlens Land og bær
En Krone skjøn hos Jesus.

3. Pris være dig, Guds Lam! — Hvert Savn
Forsvandt, — jeg tror paa Jesus.
Jeg elsker dit velsigned' Navn,
Jeg elsker Navnet Jesus.

4. Enhver som vil, endog de Smaa,
Som elske Navnet Jesus,
Hans Naadekald modtage maa
Og leve helt for Jesus.

5. Pris, Brødre, ham os har forløst!
Velsigne Navnet Jesus.
Opløfter, Søstre, Eders Røst,
Lovpris højt Navnet Jesus.

6. Hvad bortjog Skrækken, at vi tør
Nu komme? — Navnet Jesus.
Mit Hjerte jubler, naar jeg hør'
Dit Navn saa kjært, min Jesus.

7. Og naar til Himlens lyse Land
Vi gaa at se vor Jesus,
Vi for din Trone synge kan
Dit Navn, dit Navn, vor Jesus.

57. Stedfortræderen.
(Esa. 53, 5.)

Mel. O, Christ, what burdens bowed thy head?
(G. H. 2—126.)

Dit Hoved, Jesus, tynges ned,
Vor Skyld blev lagt paa dig,
Du stod i alle Syndres Sted,
Bar Byrden helt for mig;
Som Offerlam Du bar min Skam,
Nu er det vel for mig.

2. Guds Vredes Kalk, o Jesus var
Iskjænket fuld til dig,
Du tog den, og du tømt den har,
Den er nu tom for mig.
Den bittre Drik, For mig du fik,
Blot Naade blev til mig.

3. Guds Vredes Ris saa tung og svar
O, Jesus, faldt paa dig,
Du saaret, plaget skræk'lig var,
Saa Straf ej blev til mig.
Din Taareflod, Udøste Blod,
Og Saar nu læger mig.

4. Guds Vredes Stormflod, som frembrød,
Slog, Jesus, haardt mod dig,
Dit aabne Bryst, mit Skjul i Nød,
Afvendte alt fra mig.
Din Blodsveds Magt, Din Sorg, har bragt
Nu skyfri Fred til mig.

5. Guds Vredes Flammesværd for Blod
Opvaagnede mod dig;
Dit Hjerte, Jesus, tog dets Od,
Det hviler nu for mig.
Min Sag er god, Dit Hjerteblod
Har slukt dets Brand for mig.

6. For mig, o Jesus, er du død,
Og jeg er død i dig,
Opstanden, alle Baand du brød,
Du lever nu i mig.
Naar renset hel, Og prøvet vel,
Din Herlighed for mig.

---

58. Staa for Kongens Ansigt.
(Ps. 16, 11.)

Mel. Oh, to be over yonder.

O, kunde jeg opstige
Til hint Under-Rige,
Hvor Englestemmers Jubel skal
Henrykte Sjæle naa;

Der fri for Sorg og Plage
Og Skræk for andre Dage,
I Lys og Solskin herlig, glad
For Kongens Ansigt staa.

2. O, hisset!! — Her mit Hjerte,
Fyldt af Længselsmerte
Mod Østen skuer, — venter om
Hin Stjerne snart fremgaar,
Bebuder mig den søde
Og skyfri Morgenrøde,
Da jeg i Straaleklæder der
For Kongens Ansigt staar.

3. O, hisset!! — Her jeg sørger,
Tidt med Smerte spørger,
Hvi jordisk Baand dog binder her
Mit arme Hjerte saa.
De skulle alle briste,
Men jeg skal Intet miste,
Den bedste Del jeg venter der
For Kongens Ansigt faa.

4. O, naar skal vel mit Øre
Sejrens Jubel høre,
Fra Engleskarers Vrimmel, som
Nu der for Kongen staa.
Hvor Jesu Ansigt straaler,
Saa jordisk Øje taaler
Ej mindste Gjenskin bære; — naar
Skal jeg dog didhen gaa?

5. O, længselsfuld jeg venter,
Engle snart mig henter,
Op til den frelste Skare, der
Min Lod blandt dem at faa;
Hvor glad utallig Rækker
Tilbedende tildækker
Sit Aasyn nær hos Kongen, der
Hvor klædt i Lys de staa.

6. O, Land, du underfulde!
Her i Jordens Kulde
Jeg længes efter Som'ren hist,
Som evig, evig er.
Vil Midnatstimen skrække,
Og Frygt i Hjertet vække.
Hver Skygge skal forsvinde helt
For Kongens Ansigt der.

59. **Jeg iler til Korset.**
(Joh. 6, 37.)

Mel. I am coming to the cross

Jeg til Korset iler hen;
Fattig, blind og svag jeg er,
Regner alt for Skade, men
Nu skal finde Frelse der.

Kor: Jeg blot stoler nu paa dig,
Du som gav dig selv for mig;
Ved dit Kors kom mig ihu,
Frels mig, Jesus, frels mig nu.

2. Længe Hjertet efter dig
Sukkede, i Trældom var,
Nu du ømt har sagt til mig:
Fra din Synd jeg frelst dig har.

3. Her til dig jeg giver mig;
Sjæl og Legem', Tid, — ja, Alt
Evigt skal tilhøre dig,
Du, som har min Gjæld betalt.

4. Dine Løfter gi'er mig Ro;
Nu dit Blod vil rense mig;
Og jeg fatter nu med Tro,
Jeg korsfæstet er med dig.

5. Jesus er her! — Han min Sjæl
Fylder med sin Fred, saa kjær,
Han har lægt mig, jeg er vel,
Pris og Tak jeg ham frembær.

60. Frelseren mig altid leder.
(5 Mos. 32, 12.)

Mel. All the way my Saviour leads me.

Frelseren mig altid leder,
Hvad vil jeg begjære mer?
Kan jeg om hans Ømhed tvivle,
Naar jeg paa det Svundne ser?
Himmelsk Trøst og Fred han giver
Her ved Troen i min Sjæl;
:,: Og jeg ved, hvad end mig hænder,
Jesus dog gjør Alting vel. :,:

2. Frelseren mig altid leder,
Mig opmuntrer i min Nød,
Giver Naade i hver Prøve,
Føder mig med Livets Brød,
Skjøndt min trætte Fod kan·glide,
Sjælen blive tørstig her,
:,: Jeg fra Klippen klar frembryde,
Tænk!! — en Glædens Kilde ser. :,:

3. Frelseren mig altid leder;
Hvilken Troskab har han vist!
Fred, fuldkommen Fred han lover
Mig i Faderhjemmet hist;
Naar min Aand til Lysets Rige
Skal udød'lig svinge sig,
:,: Da min Sang skal evig blive:
"Jesus altid ledte mig." :,:

61. Gaa, glem dine Sorger.
(Esa. 35, 10.)

Mel. Go, bury thy sorrows.

Gaa, glem dine Sorger,
   Hver faar her sin Del;
Grav ned dem i Jorden,
   Gaa, skjul dem blot vel.
Naar Nat dig omhyller,
   Tænk rolig derpaa.
Bring Sorgen til Jesus,
   Gaa, Hjælp skal du faa.

2. Gaa, sig det til Jesus,
 Han kjender din Nød;
Gaa, sig det til Jesus,
 Læg Alt i hans Skjød.
Gaa, samle det Solskin,
 Han spreder for dig;
Han letter dig Byrden,
 Du Trætte, nær sig.

3. Her Hjerter tidt bløde
 Nedsænkte i Ve;
Gaa, trøst du dem kjærlig,
 Mørk Alting de se.
Gaa, glem dine Sorger;
 Trøst Andre, gjør godt,
Gaa, giv du dem Solskin,
 Sig Jesus Alt blot.

---

62. **Kom nu til Jesus.**

Mel. Come to the Saviour, make no delay.

Kom nu til Jesus, opsæt det ej,
Han i sit Ord os jo viser Vej,
Her er han nær os, — o, sig ej Nej!
 Ømt han dig beder: Kom.

Kor: Saligt, saligt Mødet viser sig,
 Naar vi renset, fri og lykkelig,
 Samles med Jubel, Jesus hos dig,
  Hist i vort rette Hjem.

2. Hører hans Stemme: "Børn frit tilsted;"
Hopper hvert Hjerte ikke derved?
Lad os ham vælge, da har vi Fred,
    Opsæt det ej, men kom.

3. Tænk blot igjen: her er han os nær!
Hør, hvad han byder, lydig nu vær!
Mærk hvor hans ømme Kald til dig er:
    "Il dog mit Barn og kom!"

---

63.   **Jeg hører Jesu Røst.**
(Mat. 11, 28.)

Mel. I hear thy welcome voice. (G. H. 2—40.)

Jeg hører her din Røst,
   O, Jesus, kalbe mig,
For Renselse nu i dit Blod,
   At komme hen til dig.

Kor: Ja, jeg kommer nu,
     Jesus, hen til dig,
     Tvæt mig, rens mig i dit Blod,
     Som blev udgydt for mig.

2. Skjøndt uren, fattig, svag,
   Du Omsorg for mig bær;
Du lover helt at rense mig,
   Saa uden Plet jeg er.

3. Det Jesu Stemme er,
   Som kalder mig til Tro,

Til Haab og Kjærlighed og Fred
Og Himlens skjønne Ro.

4. Han styrke vil i mig
Sin Naades store Værk,
Og Naade over Naade gi'er,
Hvor Synden før var stærk.

5. Han giver Vidnesbyrd
I Hjertet ved sin Aand:
Hans Løfter skal opfyldes, blot
Dem fatter Troens Haand.

6. Pris være Jesu Blod,
Hans store Kjærlighed,
Hans Naades Gaver, rige, fri,
Og hans Retfærdighed!

---

64. En Synderinde tilgiven.
(Luk. 7, 48.)

Mel. To the hall of the feast come the sinful.

Til Festsalen gik Synderinden saa snar'
Hun hørte i Staden, at Jesus der var;
Hun ængst'lig i Glandsen et Øjeblik stod,
:,: Da taus hun nedkastede sig for hans
Fod. :,:

2. Foragtende Knurren i Salen brød frem,
At slig en Foragtelig var iblandt dem;

De Bedste og tænkte det var altfor mildt,
:,: Og syntes den kostbare Salve var
spildt. :,:

3. Hun hører blot Jesus, — alt andet forgik,
Men tør ej se op i hans himmelske Blik,
Og Taarer nedstrømme paa sukkende Barm,
:,: Hun kysser hans Fødder saa hengiven
varm. :,:

4. Naar Stormen har raset, Guds Sol
skinner klart,
Og Mørke og Kulde fordrives da snart.
"Din Synd er tilgiven," saa sagde Guds
Søn,
:,: Da glad hun gik hjem. Det var Kjær=
ligheds Løn. :,:

---

65. **Kystens lave Lys.**
(Mat. 5, 16.)

Mel. Brightly beams our Father's mercy.

Fad'rens Naade herligt straaler
Højt fra Taarnets Tinde hist,
Men til os han gav at vogte
Lysene paa stormig Kyst,

   Kor: Kystens lave Lys lad sende
       Straaler over oprørt Sø;
       Nogen, som i Havsnød kæmper
       Du maa frelse fra at dø.

2. Mørk har Syndens Nat sig sænket,
Vrede Bølger rase stærk;
Sorgfuld' Øine vaage, længes
Kystens Lys at skue, — mærk!!

3. Opflam Lampen godt, min Broder,
Nogen, nær Skibbrudden, maa
Ellers, — kæmpende for Havnen, —
Let i Mørket undergaa.

---

66. **Ønske, haabe, vide.**

Mel. A long time I wandered in darkness and sin.

Jeg vandrede længe i Mørke og Gru,
Til Dagslysets Frembrud jeg satte min Hu;
En Kristen fortalte om Frelseren sin,
Jeg ønskede da, at han ogsaa var min.
Jeg ønskede, min, ja, jeg ønskede min,
Jeg ønskede da, at han ogsaa var min.

2. Jeg hørte om ham, som er Synderes Ven,
Og læste: "For Alle!" igjen og igjen;
Jeg sagde: "min Sjæl, er den Naade vel
din?"
Jeg haabede da, at den ogsaa var min;
Jeg haabede, min, ja jeg haabede min,
Jeg haabede da, at den ogsaa var min.

3. Forunderlig Naade! Gud frelste og mig!
Han gav mig Forvisning og Hvile i sig;

"For evigt," han sagde, "vil jeg være din!„
Jeg haaber ej mer, thi jeg ved, han er min.
Jeg ved, han er min, ja, jeg ved, han er min,
Jeg haaber ej mer, thi jeg ved, han er min.

---

67.   **Det skjønne Land.**
(Esa. 33. 17.)

Mel. There is a land of pure delight. (G. H. 3—43.)

Der er et rene Glæders Land,
   Hvor Hellige regjer';
Al Mørke drives fra dets Strand,
   Af evigt Dagslys, skær.
I evig Vaar alt blomstrer der
   Og Intet visner bort,
Blot Dødens Flod adskiller her
   Det skjønne Land fra vort.

2. Hinsides denne mørke Flod
   Staar Alt i skjønnest' Pragt,
Saa for Guds Folk og Cana'n stod,
   Mens Jordans Flod holdt Vagt.
Dog stode vi hvor Moses stod
   Og saa det skjønne Land,
Ej Jordans Strøm, ej Dødens Flod,
   Os skrækked' fra dets Strand.

68. Kristi Kors, min Ros.

Mel. In the cross of Christ I glory.

Kristi Kors, min Ros og Vinding,
 Klippebjergets Fasthed har;
Straalekrandsen om dens Tinding,
 Er fra Skriftens Lys saa klar.

2. Naar mig Livets Sorger nage,
 Haab vil svinde, Frygt har Magt;
Storm kan Korset ej borttage,
 Det staar fast, og Fred er bragt.

3. Naar Guds Naades Sollys mærker
 Glæden med sit lyse Skær,
Korsets Gjenskin det forstærker,
 Hver en Skygge borte er.

4. Selve Smerten er blot Naade,
 Naar kun Korsets Lys den naar.
Det gi'er Fred, foruden Maade,
 Fryd, som aldrig Ende faar.

---

69. Til han kommer.
(Heb. 10, 37.)

Mel. "Till He come."

"Til han kommer," — Ord af Fryd,
Paa hver Stræng, som bæver, lyd!
Lad det "Om en liden Stund"

I dets gyldne Lys ses kun;
Vi vort Hjem og hvad er kjær,
Bagved "Til han kommer" ser.

2. Naar de, vi har elsket, maa
Indtil Hvilen hisset gaa;
Naar den elskte Røst ej mer
Glæde til vort Hjerte bær,
Stille! — sørg ej! — Alt er godt!
Det er "Til han kommer" blot.

3. Har vi Mørke, Smerter, Ve,
Var det vel ej Sorg at se?
Korsets Skarphed bringer til,
At vi Verden slippe vil;
Døden, Graven, Skrækkens Stund,
Smerte "Til han kommer" kun.

4. Se her Naadens Fest med Fryd;
Drik af Vinen, Brødet nyd;
Sød Erindring til hans Ord
Kalder os til Himlens Bord;
Herfra og fra Himlens Slot,
Skilte "Til han kommer" blot.

---

70. O, dybe, klare Ord. S. M.
Mel. How solemn are the words.

O, dybe, klare Ord,
 Vi Jesus sige hør',
Hvor fat'lig for enhver, som tror:
 "Paa ny hver fødes bør."

2. Gjenfødelsen især
Gud fordrer, det forstaa,
Din Selvforbedring nok ej er,
Du Livet have maa.

3. Gjenfødt og frelst, det er
I Kristus Liv at faa,
Ej gammel Skik dig hjælper her,
Hans Liv du have maa.

4. Hvis ej gjenfødt du er,
Du ej til Himlen naar;
Thi blot Blodrenste ere der,
De kjøbte, frelste Faar.

71. Jesusnavnet.

Mel. How sweet the name of Jesus sounds. C. M.

Hvor Jesusnavnet for hans Faar
Dog lyder sødt og stort!
Det stiller Sorger, læger Saar
Og driver Frygten bort.

2. Syndsaaret Aand helbredes der,
Stormoprørt Bryst faar Ro,
For hungrig Sjæl det Manna er,
For Trætte Hvilens Bo.

3. Det Klippen er, jeg bygger paa,
Mit Skjold, mit Ly, mit Skjul,
Skatkam'ret, man ej tomt kan faa,
Af Naadens Forraad fuld.

4. Min Jesus, Frelser, Hyrde kjær,
Min Konge, Lærer, Ven,
Min Styrke, Liv og Vej du er,
Modtag min Tak igjen.

5. Hvert Hjerteslag lad højt med Fryd
Dig prise for din Død,
Saa skal dit Navns livgivend' Lyd
Mig gjøre Døden sød.

---

72. Det kostelige Navn.

Mel. Take the name of Jesus with you.

Tag dog Jesu Navn her med dig,
Kjære, til du Hjemmet naar;
Det vil give Trøst og Styrke;
Tag det med dig, hvor du gaar.

Kor: :,: Kjære Navn! O, hvor sød!
Jordens Haab og Himlens Fryd! :,:

2. Tag dog Jesu Navn her stedse
Som dit Skjold og Naadeløn;
Om du fristes haardt og trænges,
Næven det kjære Navn i Bøn.

3. O, det kjære Navn kan fylde
Sjælene med Fryd og Fred,
Naar vi i hans Naades Arme
Nyde kan hans Kjærlighed.

4. I det Navn vi engang skulle
Bøje os ved Tronens Fod,
Og med Jubelsang ham prise,
Som os kjøbte med sit Blod.

---

73. **Jesu Kjærlighed.**
(Eph. 3, 18, 19.)

Mel. It passeth knowledge; that dear love.

Den overgaar al Kundskab, som jeg ved,
Din store, høje, dybe Kjærlighed,
Min Jesus, — og dens evigvarend' Kraft,
Som til at frelse Syndre, den har havt,
  Jeg fatter ej.

2. Stor, overmaade, er din Kjærlighed,
Hvor er den høj og dyb og lang og bred.
O, at jeg kan til Syndre fjern og nær
Forkynde, at den kan borttage hver
  En Skyld og Frygt.

3. Den ej begribes og ej prises ret,
Som dog i Sandhed den fortjener det;
Den er saa rig, saa fuld, saa fri, — og mig
Den fandt fortabt og drog mig hen til dig,
  Hvor jeg fandt Fred.

4. Men skjøndt jeg ej at fatte ret formaar
Dens Fylde, mens jeg her paa Jorden gaar,

Dog maa jeg komme, tørstig som jeg er,
Til dig, du Livets Væld, og slukke der
    Min Sjæle=Tørst.

5. Jeg kommer, som et tomt og ringe Kar,
Der neppe nogen Kjærlighed end har;
Dog maa jeg komme, end i denne Stund
Med den Bodfærdig's enest' Forsvars Grund:
    "Du elsker mig."

6. O, fyld mig, Jesus, med din Kjærlighed!
Jeg kaster mig for dig i Støvet ned
Og fryder mig, at du har til mig set,
Og ringe, som jeg er, har mig beredt
    Et evigt Hjem.

7. Lad mig ej hen til andre Kilder gaa,
Hvor Sjælen Lindring dog kan ikke faa.
Min Tørst er sluk't ved dig, du Livets Væld,
Min Sjæl fandt Fred, og al min store Gjæld
    Har du betalt.

8. Og naar jeg skal dit kjære Ansigt se
Og for din høje Trone bojer Knæ;
Da skal jeg fatte ret din Kjærlighed
Og se hvor høj og stor og dyb og bred
    Den evig er.

74. **O, var jeg Intet.**

(1 Kor. 8, 7.)

Mel. Oh, to be nothing, nothing.

O, var jeg Intet, Intet!
Rebegjort, lagt for hans Fod,
Et Kar, som er tomt og aabent,
Til min Herres Brug dog god.
Tom, saa han mig kan fylde,
Naar jeg til hans Gjerning skal gaa,
Og aaben, saa uhindret
Hans Liv udstrømme maa.

Kor: O, var jeg Intet, Intet!
Rebegjort, lagt for hans Fod.
Et Kar, som er tomt og aabent,
Til min Herres Brug dog god.

2. O, var jeg Intet, Intet!
Blot bleven hans Sendebud,
Som stille og tro ved Porten
Ikkun venter paa hans Bud.
Hans Redskab blot, som rede
Og tro vil hans Ærinder gaa,
Og villig, om han ønsker,
Taus, stille for ham staa.

3. O, var jeg Intet, Intet!
Haard ej Ydmygelsen er;
Thi jeg mig i Støvet lægger,
At al Verden Jesum ser.

Ja, helst helt være Intet,
At Alle ham Pris her frembær;
Han, som er Livets Kilde,
Er ene Æren værd

---

75.   **Næsten en Kristen.**
(Ap. G. 26, 28.)
Mel. Almost persuaded.

"Næsten en Kristen," godt er Guds Ord;
"Lidet kun fattes," at jeg nu tror;
  Mange tidt tænke saa:
  Gaa, Guds Aand! fra mig gaa!
  Kan bedre Tid jeg faa,
    Kalder jeg dig.

2. "Næsten en Kristen," kom, kom idag,
"Lidet kun fattes," Kristus modtag.
  Han dig indbyder her,
  Englene ere nær,
  Bedende mange er:
    Vildfarne kom!

3. "Næsten en Kristen," Høsten er her,
"Lidet kun fattes," Dommen er nær;
  "Næsten," — hvor vil det gaa?
  "Næsten" — er Intet faa.
  Skrækkelig dog at gaa
    Evig fortabt!

76. **Helt overtydet.**
(Ap. G. 16, 31.)

Mel. Fully persuaded.

Helt overtydet! Herre, jeg tror!
Helt overtydet! Hører dit Ord!
  Naadig du mig har kaldt,
  Her jeg i Støvet faldt,
  Dig at opoffre Alt,
    Modtage dig.

2. Helt overtydet! Kom mig ihu!
Helt overtydet! Bønhør mig nu!
  Kommende, som jeg er,
  Hjælp mig og frels mig her,
  Hjertet nu tag og vær
    Naadig mod mig.

3. Helt overtydet! Sjælen giv Ro!
Helt overtydet! Styrk dog min Tro!
  Kjærlig, af Naade fuld,
  Jesus, du er mig huld,
  Hjertet fortrøstningsfuld
    Hviler i dig.

4. Helt overtydet! Nu er du min!
Helt overtydet! Jeg er og din!
  Min Kjærlighed til dig
  Lad ligne din til mig,
  Saa fuld og fri og rig,
    Frelsermand, kjær!

77. **Bønnestunden.**

Mel. Sweet hour of prayer.

O, søde Bønnestund, saa blid,
Som kalder mig fra Verdens Id,
Og leder mig til Fader sød,
At tolke al min Trang og Nød;
Naar Sorgens Stunder langsom svandt,
Min Sjæl hos Gud Opmuntring fandt,
Og ofte døde syndig Id,
Ved dig, o Bønnestund saa blid.

2. O, søde Bønnestund saa blid,
Din Vinge bære nu med Flid
Mit Suk til ham, hvis Trofasthed
Velsigner os med Haab og Fred;
Han byder mig at tro sit Ord,
Annamme Naaden her paa Jord;
Han letter Byrder, Sorg og Strid
I Bønnens Stund, saa søb og blid.

3. Du søde Bønnestund saa blid
Husvaler mig i Naadens Tid;
Snart Pisgas Top jeg glad skal naa
Og se mit Hjem og didhen gaa;
Skal slippe Kjødets Klædning brat,
At gribe Himlen og dens Skat,
Og juble, mens jeg iler did,
Farvel, o Bønnestund saa blid.

78. **Intet andet Navn.**
(Ap. G. 4, 12.)

Mel. One offer of salvation.

Een Frelse blot, som bydes,
Grundvolden og er een,
Een, Jesus blot, bør lydes,
Een Hovedhjørnesten.

Kor: Ej andet Navn er givet,
Ej anden Vej der er,
End Jesus blot, som frelse kan,
Han ene Frelser er.

2. Een Dør blot, som til Livet
Og Himlen aaben staar,
Eet Offer blot er givet,
Hvorved vi Freden faar.

3. Min enest' Fryd og Ære
Er: "Jesus for mig død;"
Mit enest' Haab skal være
Hans Kors og Blod og Død.

79. **Hvad skal Høsten blive?**
(Gal. 6, 7.)

Mel. Sowing the seed by the daylight fair.

Saaende Sæden ved Morgenrød,
Saaende Sæden ved Middagsglød,
Saaende Sæden naar Sol er sat,
Saaende Sæden i stille Nat,
O, hvad bliver Høsten vel?

Kor: Saaet her i Skyggerne eller i Pragt,
Saaet her i Svagheden eller i Magt,
Hjemsamlet herneden eller først hist,
Høsten, Høsten dog kommer vist.

2. Saaende Sæden paa Vejen her,
Saaende Sæden hvor Stengrund er,
Saaende Sæden hvor Tornen gror,
Saaende Sæden i frugtbar Jord,
O, hvad bliver Hosten vel?

3. Saaende Sæden af Selvbehag,
Saaende Sæden for Hjertenag,
Saaende Sæd for et plettet Navn,
Og for den evige Skam og Savn,
O, hvad bliver Høsten vel?

4. Saaende Sæden med ydmygt Sind,
Saaende Sæden med Taarer ind,
Saa her i Haab til Guds Høstfolk vist
Glad samler Frugten i Laden hist,
O, hvad bliver Høsten vel?

---

80. **Liv for et Blik.**
(Esa. 17, 7; 4 Mos. 21, 8; Esa. 45, 22.)

Mel. There is life for a look on the crucified One

Der er Liv for et Blik paa den korsfæsted'
　　　　　　　　　　　　　Mand,
Der er Liv denne Stund og for dig!

O, saa Synder, o se! se paa ham dog og
　　　　　　　　　　　　　　　　lev!
Just for din Skyld han offrede sig.

Kor:　Se! Se, Se og lev!
　　　Der er Liv for et Blik paa den korsfæsted'
　　　　　　　　　　　　　　　　　　　Mand,
　　Der er Liv denne Stund og for dig!

2. O, hvorfor var han Lammet, som bar
　　　　　　　　　　Verdens Synd,
Om paa ham ikke lagdes din Nød?
Hvorfor fløb fra hans Side det rensende
　　　　　　　　　　　　　　　Blod?
Blev din Skyld ej betalt i hans Død?

3. Ej i Anger og Taarer og Bønner og
　　　　　　　　　　　　　　Raab,
Men i Blodet Forsoningen er;
Da paa ham, som udgød det, du kan paa en
　　　　　　　　　　　　　　　　　Gang
Kaste Byrden og Syndens Besvær.

4. Hold da op med at tvivle, da Herren har
　　　　　　　　　　　　　　　　sagt,
Intet mere at gjøre der var.
O, engang skal han komme og ende det
　　　　　　　　　　　　　　　　Værk,
Som saa naadig begyndt nu han har.

5. O, saa tag da med Fryd mod det evige
Liv,
Som just nu han tilbyder dig frit.
Han har sagt og forsikkret, du aldrig skal dø;
Thi han lever, o Fryd! — Alt er dit!

---

81. **Der er endnu Rum.**

(Luk. 14, 22.)

Mel. Yet there is room. (G. H. 2—22.)

Endnu er Rum i Lammets lyse Sal,
Og ogsaa du er blandt de Budnes Tal.

Kor: Rum, Rum, — end Rum;
Kom nu, kom nu, o, kom.

2. Du bydes ind saa kjærlig og saa blid;
Træd ind imedens det endnu er Tid.

3. Se, Salen fyldes til den store Fest;
Træd ind, træd ind, og vær Brudgommens
Gjæst.

4. Den fyldes nu, den skjønne Bryllupsfal;
Vil du ej være blandt de Glades Tal?

5. Endnu er Rum, end Døren aaben staar;
Du ventes der, — se til, du nu indgaar.

6. Træd ind, træd ind, — o, Festen er for dig,
Og alt er frit, og gjør dig evig rig.

7. Al Glæde findes der; gaa ind, gaa ind,
Og Himlens Fryd skal fylde da dit Sind.

8. End lyder højt Guds Naades søde Kald;
Kom, Nøler, kom, træd ind i Glædens Hal.

9. Tænk Døren lukt og du ej derind kom;
O, hvilket Jammerskrig: Ej Rum, ej Rum!

Kor: Ej Rum, — ej Rum!
O, ve, o, ve, ej Rum.

82. Ikkun en Vaabendrager.
(1 Sam. 14, 7.)

Mel. Only an armour bearer.

Ikkun en Vaabendrager! — dog vil jeg staa
Rede, ved Kongens Ordre villig gaa.
Gaa! — Om det "Fremad" lyder, glad jeg gaar,
Staa! om saa han byder, villig der jeg staar.
Kor: Hør nu Stridsraabets Lyd: "Fremad," —
o, hør.
Se! se den Fejge viger, falder, dør!
Sikkert min Høvding mig i Minde bær',
Om end en Vaabendrager blot jeg er.

2. Ikkun en Vaabendrager! rede jeg er,
Rustet med Pantser blank, Hjelm, Skjold
og Sværd.
Venter at høre: "Frem og viger ej!"
Færdig glad at dertil svare: "Her er jeg!"

3. Ikkun en Vaabendrager, dog bli'er min Løn
Krone, udød'lig Ære, evig skjøn;
Om jeg i Kampen trofast holder ud,
Herligt jeg belønnes hjemme da hos Gud.

---

83. Redningsbaaden.

Mel. Light in the darkness.

Lysglimt i Mørket, Brødre, frygt nu ej mer,
Se op til Morgenstjernen, Redning er nær,
Vraget er synkefærdigt, kald alle Mand,
Kommer ned i Redningsbaaden, hist se vi Land.

Kor: Ro, ro i Land, Brødre, ro, ro i Land,
Sikker er Redningsbaaden, frelses vi kan;
Kæmper for Livet, Brødre, hjælp til alle Mand,
Bryd gjennem Braad og Brænding, nu se vi Land.

2. Bliv ej paa Vraget, Broder, tænk paa dit Vel!
Sikker er Redningsbaaden, frels nu din Sjæl!
Ser du ej Faren ret? fly mens du kan;
Faren truer, Døden venter, søg nu til Land!

3. Kom ned i Baaden, Broder, Land skal
　　　　　　　du naa,
Skjøndt Stormen hyler vildt og Styrtsøer
　　　　　　　gaa;
Ænds ej dens vilde Rasen, holder blot
　　　　　　　Stand,
Hisset se vi Morgenstjernen, styr imod Land.

4. Skyerne spredes, Broder, opløft dit Blik,
Nu skinner Morgensolen, Mørket forgik—
Sikker i Redningsbaaden, syng alle Mand:
Pris og Ære, Halleluja! vi er ved Land!

---

84. **Sjælens Sol.**

Mel. Sun of my soul, Thou Saviour dear.

Du Sjælens Sol, min Frelser kjær,
Det er ej Nat, naar du er nær,
　Lad ej en jordfødt Sky gaa op,
　At skjule dig, mit Længsels Haab.

2. Naar Søvnens blide Dug er mødt
Og trætte Øje væder sødt,
　Mind mig om Hvilen og den Trøst,
　Jeg faar for evigt ved dit Bryst.

3. Igjennem Dagen bliv nær mig,
Jeg kan ej leve uden dig;
　Bliv nær i Natten og mig hør,
　Thi uden dig jeg dø ej tør.

4. Har et vildfaren Barn af dit
Forkast' din Røst og syndet frit,
  Begynd dit Naadens Værk igjen,
  Lad ham ej mer i Synd gaa hen.

5. Vaag hos hver Syg, gjør Arme rig,
Velsign dog hver med Fred fra dig,
  Bedrøvet Sjæl giv Hvile ret,
  Som Barnets Slummer, sød og let.

6. Velsign os naar vi vaagne op,
Giv Ro mod Verdens Støj og Raab,
  Til vi, som Draaben taber sig
  I Kjærlighedens Hav, i dig.

---

85. Jesus, Sjælens Elsker.

Mel. Jesus, lover of my soul.

Jesus, Sjælens Elsker, kjær,
Ængst'ligt Hjertet flyr til dig,
Mens Orkanen raser her,
Oprørt Hav vil sluge mig,
Skjul mig, Frelser, indtil vel
Livets Storme gaa forbi,
Sikker bring til Havn min Sjæl,
Der jeg for al Skræk er fri.

2. Anden Tilflugt ved jeg ej,
Hjælpløs Sjælen klynger sig
Til dig fast, o, slip mig ej!

Understøt og trøst du mig.
Tillid har jeg til dig blot,
Al min Hjælp du ene er;
Skjul mig, Forsvarsløse, godt
Med din Vinges Skygge her.

3. Hjælp du alle, og hjælp mig;
Faldne rejs, hvert ængst'ligt Sind,
Kraftigen opliv nær dig.
Læg de Syge, led hver Blind:
Du retfærdig, hellig er,
Jeg er slet og syndefuld,
Uren staar jeg skamfuld her,
Du er naadig, tro og huld.

4. Naadens Fylde er i dig
Til at skjule Synd og Meen;
I Livskilden sænk du mig,
Rens mig, hold mig hvid og ren.
Du, som selv Livskilden er,
Fyld mit Hjerte helt med dig,
Saa det ret opvælder her
Til et evigt Liv i mig.

---

86. **Klippen.**

Mel. Rock of ages, cleft for me.

Klippe, du som brast for mig,
Lad mig skjule mig i dig.

Vandet, Blodet som udgaar
Af din stungne Sides Saar,
Rense med sin himmelsk' Kraft
Mig fra Syndens Skyld og Straf.

2. Al min Møje, ej, o Gud,
Kan opfylde Lovens Bud;
Om min Iver ej blev mat,
Om jeg græd end Dag og Nat,
Syndens Pletter dog er der;
Blot i dig, der Frelse er.

3. Intet kan jeg bringe dig;
Til dit Kors jeg klynger mig;
Nøgen, dig om Klæder be'er,
Hjælpløs op til Naaden ser;
I dit Blod du to mig maa,
Ellers maa jeg helt forgaa.

4. Ved hvert flygtigt Aandedrag,
Og i Dødens Favnetag,
Naar til ukjendt Land jeg gaar,
Naar ind for din Dom jeg staar, —
Klippe, du som brast for mig,
Lad mig skjule mig i dig.

---

87.   Også mig.

Mel. Lord, I hear of showers of blessing.

Herre, du hver Tørstig kalder,
Tørre Egne gjør du rig;

Yndigt Naadens Regn nedfalder,
Nogle Draaber giv og mig;
Ogsaa mig, ogsaa mig;
Nogle Draaber giv og mig.

2. Fader, skjøndt jeg er saa ringe,
Naadig sku dog ned til mig,
Til mit Hjerte Fred du bringe,
Vis din Naade og mod mig;
Ogsaa mig, ogsaa mig;
Vis din Naade og mod mig.

3. Frelser kjær, se, hvor jeg trænges,
Lad mig hænge fast ved dig;
Efter dig mit Hjerte længes;
Nu du kalder, kald og mig;
Ogsaa mig, ogsaa mig;
Nu du kalder, kald og mig.

4. Hellig Aand, du som forkynder
Jesu Naade fri og rig,
Trøster, hjælper bange Synder,
Tal og Kraftens Ord til mig;
Ogsaa mig, ogsaa mig;
Tal og Kraftens Ord til mig.

5. Kjærlighed, den himmelrene,
Naaden, stor og evig rig,
Kristi Blod, som renser ene,

Herliggjør dem og i mig;
Ogsaa mig, ogsaa mig;
Herliggjør dem og i mig.

6. Nu det Tabte du hjembringer,
Bind mit Hjerte, Gud, til dig,
Nu din Naades Væld fremspringer,
Du velsigne nu og mig;
Ogsaa mig, ogsaa mig;
Du velsigne nu og mig.

―――

88. Led mig, mægtige Jehova.
(Ps. 31, 4.)

Mel. Guide me; O, Thou great Jehova.

Led mig, mægtige Jehova,
Gjennem Ørk'nen ved din Aand;
Jeg er svag, men du almægtig,
Hold mig med din stærke Haand;
 Brød fra Himlen,
Fød mig til jeg mættet er.

2. Aabne for mig Krystalkilden,
Hvorfra Liv udgyder sig;
Lad Ildstøtten og Skystøtten
Lede paa min Vandring mig.
 Min Befrier
Bliv min Styrke og mit Skjold.

3. Naar jeg staar ved Jordans Vande,
Frygt og Ængstelse dæmp ned;

Bring mig gjennem Skræffens Bølger,
Land mig frelst paa Kanaans Bred;
Jeg Lovsange
Da vil evig bringe dig.

___

89. Kæmp mod Fristelsen.
(1 Kor. 10, 13.)

Mel. Yield not to temptation. (G. H. 2—122.)

Lad Fristelsen ikke
Dig blive en Ven;
Hver Sejr vil dig hjælpe,
At vinde igjen;
Kæmp mandig dig fremad,
Dæmp Lidenskabs Ild.
Se altid til Jesus,
Han mod dig er mild.

Kor: Bed, at Jesus dig hjælper,
Trøster, styrker, bevarer;
Mærk! han altid er villig,
Han vil give dig Sejer.

2. Sky al syndig Selskab,
Sky syndige Ord;
Ær Herren, og mind dig
Alt paa ham beror;
Vær venlig, alvorlig,
Vær ren, trofast, blid,
Se blot op til Jesus,
Han hjælper altid.

3. Blot den, som her sejrer,
Skal Kronen hist faa;
Skjøndt tidt vi nedkastes,
Tro Sejren skal naa.
Han, som er vor Frelser,
Vor Kraft vil forny,
Se altid til Jesus,
Han giver dig Ly.

90. Jeg har bragt Alt til Jesus.

(1 Ptr. 5, 7.)

Mel. **I left it all with Jesus.**

Jeg har bragt Alt til Jesus,
   Frelseren;
Synd og Sorg og Byrde
   Tog min Ven.
Da han hist paa Korset
   Offred' sig,
Hørte jeg ham sige:
   "Alt for dig;"
Fra mit Hjerte Byrden
   Da bortdrev;
   Fri jeg blev.

2. Jeg har bragt Alt til Jesus,
   Thi blot han
Livets bittre Sorger
   Lindre kan.
Naar hans Naades Solskin

Hjerter naa,
Ørk'nen som en Rose
Blomstre maa;
Naar jeg i hans Arme
Hviler ret,
Alt er let.

3. Jeg bringer Alt til Jesus
Hver en Dag,
Troen overlader
Ham hver Sag.
Haabet kasted' Anker
Og fik Trøst
I en Havn saa sikker,
Ved hans Bryst;
Kjærlighedens Himmel
Er, ham her
Være nær.

4. O, bring dog Alt til Jesus,
Sorgfuld' Sjæl!
Sig ham Alt, — da bliver
Det snart vel;
Han regjerer Himlen
Og vor Jord,
Livet, Døden vente
Paa hans Ord;
Ved hans ømme Hjerte
Er der Rum,
O, blot kom!

91 Der er en Kilde.

Mel. There is a fountain filled with blood.

Der er en Kilde fyldt med Blod,
Som fløo fra Jesu Saar;
Og Syndre, toet i denne Flod,
Fuldkommen Renhed faar.

2. Se Røveren paa Korset fandt
Den Kilde, om end sent,
Der faar og jeg, skjøndt slet som han,
Samvittigheden ren.

3. O, Jesus Krist, dit Blod hos Gud
Det samme end formaar
Indtil dit Folk, din kjære Brud,
Til Bryllupsfesten gaar.

4. Da først ved Tro'n jeg fandt den Flod,
Som fra din Side fløo;
Jeg priste Naaden i dit Blod
Og vil det til min Død.

5. Jeg bedre skal blandt Himlens Hær
Lovprise Naadens Magt,
Naar Sjælens tunge Hytte er
I Gravens Skjød nedlagt.

—(103)—

92. Vort Hjem over der.

Mel. .Oh, think of the home over there. (G. H. 2—118.)

O, tænk paa vort Hjem over der,
Hist i Lyset, ved Livsflodens Bred,
Hvor de hellige Herlige bær',
Der den snehvide Dragt dem bered'.
     Over der, over der;
O, tænk paa vort Hjem over der.

2. O, tænk paa hver Ven over der,
Som har Rejsen fuldendet saa godt,
Som Lovprisning saa glad der frembær,
Hvor det gjenlyder skjønt paa Guds Slot.
     Over der, over der;
O, tænk paa hver Ven over der.

3. Min Frelser er nu over der,
Jeg har Slægt som paa Slottet der bo;
Nu da bort snart fra Sorgerne her,
Lad mig fly til hint Land og faa Ro.
     Over der, over der;
Min Frelser er nu over der.

4. Jeg naar snart mit Hjem over der,
Jeg ser Enden paa Vandringens Ve,
Mangen, kjær for mit Hjerte, er der,
Som mig venter med Længsel at se
     Over der, over der;
Jeg naar snart mit Hjem over der.

93. **Min Bøn.**

(Mat. 5, 48.)

Mel. More holiness give me.

Mer Hellighed giv mig,
Mer indvortes Liv,
Mer Sorg over Synden,
Mer Taalmod mig giv.
Mer Tro paa dig, Frelser,
Mer Visheb i Løn,
Mer Fryd i din Gjerning,
Mer Hensigt i Bøn.

2. Mer Tillid, o giv mig,
Mer Pris til dig her;
Mer Fryd i din Ære,
Mer Hvile dig nær,
Mer Sorg ved din Smerte,
Mer Ydmygheds Ve,
Mer Troskab i Prøver,
Mer Tak, Hver kan se.

3. Mer Renhed, o, giv mig,
Mer Styrke til Strid,
Mer Frihed fra Pletter,
Mer Hjemlængsels Id;
Mer skikket for Riget,
Mer ringe i mig,
Mer nyttig og hellig,
Mer, Frelser, lig dig.

94. **Tro blot paa ham.**

(Mat 11, 29.)

Mel. Come, every soul by sin oppressed.

Kom syndbetynget Sjæl i Tro,
 Hos Jesus Naade er,
Han vist vil give Hjertet Ro,
 Blot tillidsfuld du vær.

Kor: O, blot tro ham, O, blot tro ham,
 O, blot tro ham nu;
 Han dig frelser, Han dig frelser,
 Han dig frelser nu.

2. Se, Jesus har udøst sit Blod,
 For frelste os at se.
Rens dig nu i den Purpurflod,
 Som to'r dig hvid som Sne.

3. Ja, Jesus er den rette Vej,
 Som leder dig til Fred.
Fat Troen nu, og tvivl blot ej,
 Da har du Salighed.

4. Kom da, slut dig til Herrens Hær,
 Til Herlighed at gaa,
Og bo i Himmellandet, der
 Du evig Fryd skal faa.

95. Ja, der er Naade for dig.
(Esa. 55, 7.)

Mel. Oh, come to the Saviour, believe.

O, kom nu til Jesus, og tro paa hans Navn,
Og bed ham dit Hjerte forny;
Han venter dig naadig; — o, vend dig ej bort,
Men skynd dig og hen til ham fly.

Kor: :,: Ja, der er Naade for dig; :,:
Thi Jesus er død og har kjøbt dig,
Tilgivelse byder han dig.

2. Den Vej, Overtræderne gaa, er til Død;
Hvorfor vil du længer den gaa?
Hans kjærlige Tilbud, forkast dog ej det,
Hos ham blot du Naade kan faa.

3. Advaret om Faren, til Korset nu fly,
Din eneste Frelse er der.
O, tro!! — Guds Aand vidner med Kraft, at bønhørt
Din angerfuld' Bøn da strax er.

96. Intet uden Blade.
(Mark. 11, 13.)

Mel. Nothing but leaves. (G. H. 2—123.)

Ak, Blade blot! Guds Aand bortgaa't
Med Sorg for bortødt Tid;

For Synder, elskte, taalte, nydt,
For Løfter brudte, ak, saa tidt,
Se efter aarlang Strid,
Ak, Blade blot! Ak, Blade blot!

2. Ak, Blade blot! Ej Nege faa't
Af Gudsfrygts gyldne Sæd.
Vi saa vor Sæd, se, Klinte gror —
For Kristenliv blot tomme Ord, —
Og høste møjsom ned,
Ak, Blade blot! Ak, Blade blot!

3. Ak, Blade blot! Vort Maal er naa't,
O, ve, hvert Skjul forsvandt!
Vor Vej var tung; med Hjertenag
Vi se hver ilde anvendt Dag;
Med Sorg tilsidst vi fandt
Ak, Blade blot! Ak, Blade blot!

4. Tør du vel gaa For Gud at staa
Med visne Blade, Ven?
Og lægge for Doms=Thronen ned
Ej gylden Frugt af Gudsfrygts Sæd
Som Løn til Jesus, men
Ak, Blade blot? Ak, Blade blot?

97. **Perler og Ædelstene.**

Mel. When he cometh.

Naar han kommer, naar han kommer,
Og Perlerne henter,

Alle sine Ædelstene,
Hans Ejendom kjær. —

 Kor: Saasom Stjernernes Hære
    De da skulle være;
    Og i Straalglands bekrandse
    Den Krone, han bær.

2. Han skal samle, han skal samle
Sit Riges Juveler;
Alle ægte, alle rene,
Hans Ejendom kjær. —

3. Smaabørn kjære, Smaabørn kjære,
Som Frelseren elske,
Ere Perler, ægte Perler,
Hans Ejendom kjær. —

98. Gaa hen og arbejd i min Vingaard.

(Mat. 21, 28; 20, 4.)

Mel. Go, work in my vineyard.

"Gaa hen i min Vingaard," ej ledig der staa,
Thi Høsten er stor og Arbejderne faa;
Nu rense og hegne, hold Alt rigtig smukt,
Og pløj og besaa og da indsamle Frugt,
Der er Ræve at fange og Ulve at slaa;
Gaa hen, jeg behøver nu Store og Smaa;
Vogt Lammene troligt og føb mine Faar,
Opsøg de Vildfarne, forbind deres Saar.

Kor: O, gaa! O, gaa!
O, gaa i min Vingaard, ej ledig der staa;
O, gaa! O, gaa!
Thi Høsten er stor og Arbejderne faa.

2. "Gaa hen i min Vingaard!" Min altid
du var,
Med Blod har jeg kjøbt dig og alt hvad du
har,
Din Tid, dine Kræfter og kost'lige Pund,
Din varmeste Kjærlighed, yndigste Stund.
Jeg er villigen kommen fra Himmelen ned,
Fra Ære og Glæde, at dø i dit Sted;
Har kjøbt dig i Angest, i Smerte og Nød,
Jeg fordrer det, Jeg har betalt med min
Død.

3. "Gaa hen i min Vingaard!" arbejd med
Behag;
Saa hastig bortsvinder den solklare Dag,
Og Aftenens Skygger sig samle saa brat;
Snart dækkes Sollyset af Mørke og Nat.
I den tidlige Morgen til Arbejde gaa;
Jeg giver dig Styrke, og Løn skal du faa. —
Velsignet er Alle, som villigen gik,
Og trolig fuldendte Arbejdet de fik.

99. Dyb af Naade.
(Ps. 51, 19.)

Mel. Depth of mercy, can there be.

Dyb af Naade! er det saa,
Jeg Barmhjertighed kan faa?

Kan Guds strænge Vredes Sværd
Vendes fra mig Synder her?

2. Længe Naaden jeg modstod,
Fjende var jeg, Gud imod;
Adløb ej hans ømme Kald,
Smertet ham med tusind Fald.

3. Gud mig bøj, og drag til dig!
Fyld med Angers Smerte mig!
Men i Sorgen sig mig her:
Gaa med Fred, og synd ej mer!

100. Saasnart Talsmanden kom.
(Joh. 14, 16.)

Mel. My heart, that was heavy and sad.

Mit Hjerte, af Sorg trykket ned,
Som ej havde Ro noget Sted,
Fik Hvile og Glæde og Fred,
    Saasnart Talsmanden kom.

Kor: Fred! — søb Fred!!
Fred, saasnart Talsmanden kom.
Mit Hjerte, af Sorg trykket ned,
Som ej havde Ro noget Sted,
Fik Hvile og Glæde og Fred
    Saasnart Talsmanden kom.

2. Tilbøjlig til Daarskab og Synd,
Formørket i Hjerte og Sind,
Ej Hvile i Sjælen kom ind,
    Førend Talsmanden kom.

3. Til Jesus, for Hjælpen saa rig,
Min Sjæl med Tak hævede sig;
Hans Naade forundrede mig,
 Saasnart Talsmanden kom.

101.   **Kroningspsalme.**

Mel. All hail the power of Jesus' name.

Al Pris og Lov til Jesus bær';
 Tilbed ham Englekor!
Bring frem hans gyldne Krone her,
Og kron ham, Kongen stor!

2. Tilbedelse ham evigt ske,
 I Himmel og paa Jord,
At hver hans Majestæt kan se!
Og kron ham, Kongen stor!

3. Snart vi deltage skal engang
 Midt i hint Helgenkor,
I evigvarend' Jubelsang:
 O, kron ham, Kongen stor!

102.   **Jesu Navn.**

Mel. Oh, for a thousand tongues to sing. C. M.

O, tusind Tungers Jubellyd
 Forlidet er og svagt,
At prise Jesus ret med Fryd,
 Hans Navn, hans Sejermagt.

2. Dit Navn, dets Ære allesteds,
   Min Herre og min Gud,
Hjælp mig paa hele Jordens Kreds
   Med Glæde brede ud.

3. Dit Jesusnavn for Frygt gi'er Fryd,
   Det Sorg kan lægge ned,
For Synd'ren er det Glædeslyd,
   Er Helbred, Liv og Fred.

4. Du bryder Syndens Kraft i Bund,
   Den Fangne sættes fri,
Dit Blod hver Syndplet renser kun,
   Jeg tvættet blev deri.

103. **Bønnens Værd.**

Mel. What various hindrances we meet. L. M.

Saa mange Hindringer vi faa,
Til Naadens Trone at hengaa;
Men hvo, som kjender Bønnens Værd,
Dog ønsker ofte være der.

2. Bøn, Sorgens Skyer bort kan faa,
Gaar op ad Stigen, Jakob saa,
Den øver Tro og Kjærlighed
Og faar Velsignelse herned.

3. En bønløs Aand ej kæmper mer,
Thi da dens Rustning bortlagt er;
Men Satan skjælver ved at se
Guds svagest' Barn paa sine Knæ.

104. **Bevis for ren Lære.**

Mel. So let our lips and lives express. L. M.

Vort Liv og Ord bør begge ret
Bekjende Evangeliet;
Et helligt Liv maa skinne klar',
Og vise, vi ren Lære har.

2. Saaledes fremmes allerbedst
Vor Frelsers Ære allesteds;
Har Naaden Fred til Sjælen bragt,
Den undertvinger Syndens Magt.

3. Guds Naade løfter Sindet op,
Forventende det glade Haab;
Han aabenbares hver, som tror,
Og læner sig blot til hans Ord.

---

105. **Naadestolen.**

Mel. From every stormy wind that blows. L. M.

Fra hver en Storm, som hæver sig,
Fra Smertens Flod, som skrækker dig,
Du kan en Stilhed naa end her,
Det blot ved Naadestolen er.

2. Der Jesus paa vort Hoved vil
Udøse Glædens Olie til
Hver Sorgsky svinder for vor Sol,
Den blodbestænkte Naadestol.

—(114)—

3. Der Sjæl forenes nær med Sjæl,
Og Venskabs Lue brænder vel.
Skjøndt langt fraskilte, samlet der
Rundt Naadestolen alle er.

106. **Omvend dig!**

Mel. Sinners turn; why will you die?

Hvorfor vil du dø? — Vend om!
Fad'ren siger, til mig kom!
Han, din Skaber, som har dig
Skabt til evigt Liv hos sig,
Ynker dig, men have vil
Hvad han gav dig Styrke til.
Utaknem'lig Skabning, kom
Agt hans Kjærlighed, — vend om!

2. Hvorfor vil du dø? Vend om!
Sønnen siger, — til mig kom!
Han, din Frelser, som dig vandt,
Nedtraadt i dit Blod dig fandt;
Skal han dø forgjæves, Ven?
Korsfæst ham dog ej igjen!
Kjøbt med Blod saa dyrt, — o, kom,
Og forkast ham ej! — Vend om!

3. Hvorfor vil du dø? Vend om!
Aanden siger, — til mig kom!

Han din Hjælper, trøsterig,
Naaden fatte lærer dig.
Vil at leve du afslaa?
Til din Undergang bortgaa
I Dødsfare stor? o kom,
Slip hver Syndelyst! — Vend om!

107. Den 23de Psalme.

Mel. The Lord's my shepherd, I'll not want. C. M.

Se Herren er min Hyrde god,
 Mig Intet fattes kan;
Han leder mig til Græsgang skjøn,
 Og Livets klare Vand.

2. Min Sjæl han vederkvæger ret,
 Og trofast fører mig
Paa Retfærds Vej for sit Navns Skyld,
 Til Ro og Fred hos sig.

3. Gaar jeg i Dødens Skygges Dal
 For Ondt jeg frygter ej.
Du er med mig, din Kjæp og Stav
 Mig trøste paa min Vej.

4. Et Bord bereder du for mig
 Trods Fjendehær, og huld
Mit Hoved salver du; jeg faar
 Mit Bæger overfuld.

5. Kun Godt og Miskundhed skal hver
   En Livsdag følge mig;
I Herrens Hus jeg blive skal
   Nu og evindelig.

―――

108. O, Tro, som skræffes ej.

Mel. Oh, for a faith, that will not shrink. C. M.

O, Tro, som skræffes ej, om den
   Blot Fjender rundt kan se;
Som skjælver ej ved Breddens Rand
   Af nogen jordisk Ve;

2. Som under Tugten ej i Knur
   Og Klager bryder ud;
Men i hver Sorgs og Smertes Stund
   Kan støtte sig til Gud;

3. Som skinner klart i Stormens Nat,
   Den tidt har paa sin Vej;
Som ej i Farer ængst'lig er,
   I Mørke tvivler ej.

4. Gud giv os saadan Tro, som den,
   Hvad da end kommer paa,
Vi af Velsignelsen hos dig
   En herlig Forsmag faa.

109. O, Frelse!

Mel. Salvation, O, the joyful sound. C M.

O, Frelse! — Glade Lyd, som naar
  Med Fryd mit Hjerte her,
Som Balsam er for hvert et Saar
  Og Kraft i al Besvær.

2. O, Frelse! — Lad dets Gjenlyd gaa
  Den hele Jord omkring!
I, Engle, som for Herren staa,
  Det samme Budskab bring!

3. O, Frelse! — Blødende Guds Lam,
  Dig hør al Ære til! —
Vort Hjerte, fyldt med Glæde, ham
  Her højt ophøje vil

---

110. Messias' Tilkommelse og Rige.

Mel. Joy to the world, the Lord is come. (G. H. 2-120.)

Staa op med Fryd, han kommen er!
Tag mod din Konge, Jord!
Med Hjertens Fryd ham Pris frembær,
Som er saa høj og stor.

2. Den store Gud regjerer selv!
O, priser ham med Fryd!
Og Mark og Bjerg og Sø og Elv,
Gjentag Lovsangens Lyd!

3. Udrydder Synden allesteds,
Dens Torne ej lad gro!
Han kommen er; paa Jordens Kreds
Velsignelse skal bo.

4. Med Naade og med Miskundhed
Regjerer han saa godt;
Og, iklædt hans Retfærdighed,
Er jeg hans Undersaat.

111   **Kristi Offer.**

Mel. Alas, and did my Saviour bleed. C. M.

Har Frelseren udøst sit Blod,
  Min Konge offret sig?
Var han saa uudsig'lig god
  Mod saadan Orm som mig?

2. Var det for min Synd, Last og Skam,
  Han led paa Korsets Træ?
Vil han for mig, som hadeb' ham,
  Dog bære Dødens Ve?

3. Vel maatte Solen skjule sig,
  At være Vidne til
Den Himmelrene, Syndre lig,
  Forbandet være vil.

4. Skamfuld lad mig slaa Øjet ned
  Ved Synet af min Ven!
Med dybest følt Taknem'lighed
  Smelt mig i Taarer hen!

5. Dog det ej sletter Gjælden ud,
Og ej Betaling er.
Her gi'er jeg mig til dig, min Gud,
Jeg kan ej gjøre mer.

———

112. **Vær paa Vagt.**

Mel. My soul be on thy guard. S. M.

Min Sjæl, vær paa din Vagt,
Ti Tusind Fjender staa;
En Syndehær, som har i Agt
I sine Garn dig faa.

2. O, vaag og strid og bed,
Ej Kampen opgiv her,
Din Vaabenrustning ej læg ned,
I Herren stærk du vær.

3. Tænk ej, hver Fjendemagt
Du har alt dræbt, — hold ud!
Først da er Troens Kamp fuldbragt,
Du Kronen faar hos Gud.

4. Den faar du først dog, naar
Du tro til Døden er;
Ved sidste Aandedræt du gaar
Hjem, og den bærer der.

113. **Kristi Offer.**

Mel. Not all the blood of beasts. S. M.

Ej gjør alt Offerblod,
 Paa jødisk Alter bragt,
Samvittigheden ren og god,
 Det ej dertil har Magt.

2. Men Kristus, det Guds Lam,
 Et bedre Offer var;
Han borttog al vor Synd og Skam,
 Hans Blod os renset har.

3. Tro lægger Haanden paa
 Dit Hoved, Offerlam.
Vi angerfulde for ham staa,
 Tilstaar vor Synd for ham.

4. Min Sjæl ser op til dig,
 Som hele Byrden bar,
Guds Lam paa Korsets Træ for mig;
 Min hele Skyld der var.

---

114. **Velsignet Samfundsbaand.**

Mel. Blest be the tie that binds. S. M. (G. H. 3—107.)

Velsignet er det Baand,
 Som sammenbinder her
I Kristi Kjærlighed hver Aand,
 Som i hans Samfund er.

2. Til fælles Fader hen,
  I Hjertet eet, vi gaa;
Frygt, Haab og Hensigt blot er een,
  Vor Gjerning ligesaa.

3. Vi fælles Sorg har lidt
  Og fælles Byrder bær,
Og for hverandre fælder tidt
  Deltagend' Taarer her.

4. Og naar vi skilles maa,
  Det smerter dybt hver Ven;
Men vi forblive eet, og naa
  I Haab at ses igjen.

115. Er jeg en Korsets Stridsmand?

Mel. Am I a soldier of the cross? C. M. (G. H. 3—102.)

Er jeg en Korsets Stridsmand, sendt
  At følge nær Guds Lam,
Og vil ej være ham bekjendt;
  Men skjule mig af Skam?

2. Kan jeg vel her i Daarskabs Jd
  Saa mageligen gaa,
Mens andre gjennem Blod og Strid
  Sin Krone maatte naa?

3. Kan blandt Guds Fjender jeg gaa hen
  Med Tidens Strøm saa glad?
Er Verden bleven Naadens Ven
  At hjælpe mig hjemad?

4. Først Strid, saa Kronen, det jeg ved'
O, Gud, giv Lyst og Mod,
Giv Taalmod og Udholdenhed,
Og Kraft at staa imod!

116. Velsignelsernes Kilde.

Mel. Come, thou fount of every blessing.

Kom, Velsignelsernes Kilde,
Hjertet stem paa Naadens Vis;
Kjærlighedens Strømme milde
Højt fremkalde Lov og Pris.
Giv jeg til din Trone iler,
Lærer Pris af Englehær,
Priser Klippen, hvor jeg hviler;
Du er Klippen, Jesus kjær.

2. Her min Ebenezer-Klippe,
Rejser jeg; — du hjalp hidtil.
Du har lovet mig ej slippe,
Sikkert hjem jeg komme vil.
Da jeg vild løb hen i Farer,
Langt fra dig, du søgte mig,
For at redde mig af Snarer,
Villig har du offret dig.

3. Daglig jeg min Gjæld maa finde
Til dig, stærk formerer sig;

Lad dit Naadesbaand dog binde
Mit omvankend' Sind til dig.
Det fra dig, — jeg ser med Smerte, —
Er tilbøj'lig at bortgaa;
Tag, bevar, besegl mit Hjerte,
For din Domstol vel at staa.

---

117. Min Tro ser op til dig.

Mel. My faith looks up to thee. (G. H. 2—86; 3—109.)

Min Tro ser op til dig,
Guds Lam som kjøbte mig,
 O, Frelser, min!
Min Trang til dig jeg bær;
Drag mig fra Synden her,
Giv Naade, at jeg er
 Nu ganske din.

2. Rig Naade du meddel
Min let forsagte Sjæl!
 Giv Ivers Ild!
Min Kjærlighed til dig
Gjør, er som din til mig:
Ren, varm, utræt'lig, rig,
 Og stærk og mild.

3. I dette Farens Land
Jeg let forvildes kan;
 Men led du mig!

Sluk Sorgs og Smerters Ild,
Gjør Nat til Dagslys mild,
Lad mig ej fare vild,
  Bortgaa fra dig.

4. Naar endt er Jordlivs Drøm,
Naar Dødens kolde Strøm
  Gaar over mig,
Frygt, Skræk og Angst borttag,
Mig sikker gjennembrag
Dødsbølgens Favnetag
  Til Ro hos dig.

118. Nærmere, Gud, til dig.

Mel. Nearer my God to thee.

Nærmere, Gud, til dig,
  Nærmere dig,
Om det end er et Kors,
  Som hæver mig,
Sangen dog svinger sig
:,: Nærmere, Gud, til dig, :,:
  Nærmere dig.

2. Skjøndt lig hin Vandringsmand,
  Solen gaa't hen,
Mørket omgiver mig,
  Min Seng en Sten,
Drømme end drage mig
:,: Nærmere, Gud, til dig, :,:
  Nærmere dig.

3. Min Vej, som Stigen naa,
Til Himlen op!
Alt naadig sender du,
Giver mig Haab;
Engle at vinke mig
:,: Nærmere, Gud til dig, :,:,
Nærmere dig.

4. Glad jeg da vaagner op,
Pris dig frembær;
Rejser af Sorgens Sten
Et Bethel kjær.
Selv Sorger bringer mig
:,: Nærmere, Gud, til dig, :,:
Nærmere dig.

5. Har Glædens Vinge mig
Bragt gjennem Sky,
Sol, Stjerner i min Flugt
Ilet forbi,
Sangen dog er for mig:
:,: Nærmere, Gud, til dig, :,:
Nærmere dig.

119. Min Talsmand.
(1 Joh. 2, 1—2.)

Mel. Arise, my soul, arise.

Min Sjæl! staa op, fat Mod!
Guds Søn er død for dig.

—(126)—

Han offrede sit Blod,
　　At igjenløse mig;
:,: Min Talsmand hist hos Gud han er, :,:
Paa Hjertet og mit Navn han bær.

2. Han for Guds Aasyn staar,
　　Og beder godt for mig;
Hans Død, hans Blod og Saar,
　　De tale kraftelig.
:,: Se, Blodet har forsonet Alt! :,:
Og al min Syndeskyld betalt.

3. Fem dybe Saar han bær,
　　Fra Golgatha for mig.
Hvor saligt dog det er,
　　Der kunne skjule sig!
:,: "Tilgiv, Tilgiv!" er deres Bøn! :,:
Lad Jesus faa sit Arbejds Løn.

4. Forligt med Gud jeg er,
　　Han mig i Kristus ser.
Han er min Fader kjær;
　　Hvad skal jeg frygte mer?
:,: Jeg Børnerettens Visheb bær, :,:
Og raaber: Abba, Fader, kjær.

120. **Din Mission.**

Mel. Hark, the voice of Jesus crying.

Hør din Jesu Stemme raabe:
"Hvo vil gaa til Arbejd' fort;
Marker hvidnes, Høsten venter;
Hvo vil bære Nege bort?"
Højt og stærk nu Mest'ren kalder,
Rig Belønning offrer dig;
Vil du svare glad og villig:
"Her er jeg; send mig, send mig!"

2. Kan du ej gaa over Havet
Og udforske Hedning'land;
Hedningfolk er nær, og disse
Ved din Dør, du hjælpe kan.
Kan du Tusinder ej give,
Enkens Skjærv da glad frembær,
Og det mindste, gjort for Jesus,
Er for ham ret kost'lig kjær.

3. Kan du ej som Engle tale,
Ej med Pauli dybe Ord,
Mild og øm du dog kan sige:
Jesu Kjærlighed er stor;
Kan du ikke vække Sikkre,
Som med Dommens Skræk og Larm,
Du Smaabørn kan lede venlig
Til din Frelsers kjære Arm.

4. Kan du ej, som Zions Vægter,
   Højt paa Muren staa, og der
Vise rette Vej til Himlen,
   Byde Liv og Fred til hver,
Med bin Bøn og dine Gaver
   Du Guds Vilje gjøre kan,
Og som Aaron tro opholde
   Du Profetens Hænder kan.

5. Om du ej blandt ældre Venner
   Skikket til at lære er,
"Mine Lam du fød," vor Hyrde
   Siger,— led dem, til ham bær;
Og maaske de Smaabørn, ledet
   Skjælvende ved Haand af dig,
Findes skal blandt de Juveler,
   Du skal faa i Himmerig.

6. Lad ej Nogen ledig sige:
   "Jeg kan Intet gjøre her;"
Medens Sjæle dø og Mest'ren
   Kalder dig; — hans Bud du vær;
Glad den Gjerning gjør, han giver,
   Lad det være Lyst for dig;
Svar ham glad, naar han dig kalder:
   "Her er jeg; send mig, send mig!"

121. Staa op for Jesus.

Mel. Stand up! stand up for Jesus!

Staa op! staa op for Jesus,
 I Korsets Stridsmænd her!
Løft op hans Kongefane
 Og den i Kamp højt bær!
Fra Sejer og til Sejer
 Han fører sin Armee,
Til Fjenden overvunden
 Vi for hans Fod kan se.

2. Staa op! staa op for Jesus!
 Men i hans Styrke strid;
Thi Kjødets Arm vil svigte,
 Sæt til dig selv ej Lid.
Iført Guds fulde Rustning,
 Og vaag paa Bønnens Vej;
Hvor Pligt og Fare kalder
 Vis, at du fattes ej.

3. Staa op! staa op for Jesus!
 Ej Striden bliver lang;
Idag er Slagets Tummel,
 Imorgen Sejrens Sang.
Hvo overvinder skjænkes
 Hist Livets Krone skjøn;
Med Ærens Konge evig
 Regjerer han, som Løn.

—(130)—

122. Arbejd, thi Natten kommer.

Mel. Work, for the night is coming. (G. H. 2—112.(

Arbejd, thi Natten kommer,
　Arbejd i Morgenstund,
Arbejd mens Duggen glimrer,
　Arbejd for Herren kun.
Arbejd ved Dagen trolig,
　Arbejd i Sollys skær,
Arbejd, thi Natten kommer,
　Da der ej virkes mer.

2. Arbejd, thi Natten kommer,
　Arbejd hver Dag du har,
Bliv du ej træt, thi Hvilen
　Vil komme vis og snar'.
Lad hvert Minut benyttes,
　At det sin Frugt frembær,
Arbejd, thi Natten kommer,
　Da der ej virkes mer.

3. Arbejd, thi Natten kommer,
　Solen nu snart nedgaar;
Medens dens Rødme gløder
　Arbejd, din Dag bortgaar;
Arbejd til hver en Straale
　Svinder, og ej er mer;
Arbejd, thi Natten kommer,
　Da der ej virkes mer.

123. "Kom til mig."

Mel. I heard the voice of Jesus say. C. M.

"Kom til mig og faa Hvile her;"
Saa lød min Jesu Røst,
"Kom hid, du Trætte, og læg ned
Dit Hoved paa mit Bryst."

2. Jeg kom til Jesus, som jeg var,
Træt og ulykkelig;
Jeg fandt hos ham en Hvileplads,
Han gav mig Ro hos sig.

3. "Kom, modtag frit," var Jesu Ord,
— Saa glad derved jeg blev, —
"Af Livets Vand, du tørstig' Sjæl;
Knæl ned og drik og lev."

4. Jeg kom til Jesus og jeg drak
Af den livgivend' Flod,
Min Tørst blev slukt, jeg Livet fik
I ham og i hans Blod.

5. "Jeg er den mørke Verdens Lys,"
Saa sagde Jesus mig,
"Din Morgen gry'r, din Dag og vær
Nu lys og lykkelig."

6. Jeg ser til Jesus op og blot
   Ham som min Sol har kjendt;
Jeg vandrer nu i Livets Lys,
   Til Rejsen vel er endt.

124. **Den herlige Flod.**

Mel. Shall we gather at the river?

Skal vi samles ved Livs=Floden,
   Hos vor Jesus hist, saa glad,
Hvor den krystalklar udvælder
   Fra Guds Trone, i hans Stad.

Kor: Ja, ved Floden vil vi samles,
         Den skjønneste og herligste af alle;
      Samles med de Frelste der ved Floden,
         Hos vor Jesus i Guds Stad.

2. Der ved Flodens Bred vi vandre,
     Fri fra Smerte, Sorg og Nag,
   Og tilbede stedse gjennem
     Evighedens lyse Dag.

3. Før vi naa til Flodens Bredder,
     Hver en Byrde lægges ned;
   Jesus for os har en Krone
     Og en Klædning skjøn bered'.

4. Floden, smilende og yndig,
     Jesu Aasyns Gjenskin er;
   Frelstes Sange der opstige;
     Døden dem ej skiller mer.

5. Snart vi naa til Krystalfloden,
Endt vor Pil'grimsvandring er;
Snart vort glade Hjerte bæver
Ved Frydsjublens Ynde der.

125. Den 40de Psalme.

Mel. I waited for the Lord my God. C. M.

Jeg biede taalmodelig
Paa Herren, fast i Haab;
Han bøjede sig til mig, og
Han hørte da mit Raab.

2. Han drog mig op af urent Dynd,
Af Graven brusende;
Paa Klippen satte han min Fod,
Min Gang befæstede.

3. Han gav en ny Sang i min Mund,
En Lovsang, skjøn for mig;
Det Mange se og frygte og
Paa ham forlade sig.

4. Velsignet hver, som sætter fast,
O, Gud, sin Lid til dig;
Har vendt sig fra Hovmodige,
Som til Løgn bøje sig.

126. **Frelser, som en Hyrde.**

Mel. Saviour, like a shepherd lead us.

Frelser, som en Hyrde led os,
 Din Omhu behøves vel;
Vær paa grønne Enge med os,
 Hjem bered du for hver Sjæl.
 :,: Hulde Jesus, hulde Jesus,
  Du har frikjøbt hver en Træl. :,:

2. Du os ejer; naadig hør os,
 Du vor Leder være maa;
Bort fra Syndens Veje før os,
 Søg os op, om vi bortgaa.
 :,: Hulde Jesus, hulde Jesus,
  Giv vi Hvile hos dig faa. :,:

3. Syndfuld' som vi er', modtag os,
 Til at rense har du Magt;
Blandt din Faareflok antag os,
 Som du i dit Ord har sagt.
 :,: Hulde Jesus, hulde Jesus,
  Alt er i din Haand nedlagt. :,:

4. Tidligt dig at søge lær os,
 Tidligt lyde dig, vor Ven;
Du den ene Elskte, vær os;
 Er det mørkt, giv Lys igjen.
 :,: Hulde Jesus, hulde Jesus,
  Du os elskte, elsk os end. :,:

127. **Kom, I Syndre.**

Mel. Come, ye sinners, poor and needy.

Kom, I Syndre, arme, syge,
  Saaret', fattig', træt og svag,
Jesus færdig staar at frelse,
  Hjælpe er hans Hjertesag.
    :,: Han er mægtig,
Han er villig, end i Dag. :,:

2. Nu, du Trætte, kom, velkommen,
  Guds fri Gave tag og ær;
Sand Omvendelse og Troen,
  Alting er dig bragt nu nær,
    :,: Uden Penge,
Kom og kjøb af Jesus her. :,:

3. Lad ej Banghed dig afholde,
  Drøm om Værdighed ej mer,
Al den Værdighed, som fordres,
  Er din Trang alene her,
    :,: At den føles,
Guds Aands Værk og Gave er. :,:

4. Kom da, haardt besværet Synder,
  Knust og hjælpløs ved dit Fald,
Tøver du ,til du er bedre,
  Du vist aldrig komme skal;
    :,: Ej de Gode,
Syndre, gjælder Jesu Kald. :,:

128. **Kom Himmelbue.**

Mel. Come Holy Spirit, Heavenly Dove. C. M.

Kom Himmelbue, Hellig Aand,
 Med din Kraft os opliv
Og Kjærlighed og Varme her
 Vort kolde Hjerte giv.

2. O, Gud, skal vi saa kolde gaa
 Mod dig og mod dit Ord?
Vor Kjærlighed saa svag til dig,
 Og din til os saa stor?

3. Kom Himmelbue, Hellig Aand,
 — Ret Varme du os giv!
Udøs vor Frelsers Kjærlighed
 Paa os, den giver Liv.

129. **Han elskede mig.**

Mel. I gave my life for thee.

Før var jeg død i Synd,
 Ej Haab jeg havde her,
Nu er jeg død fra Synd,
 Med Jesus korsfæst' er.
 Kor: O, er det saa han elskte mig,
  Og gav sig selv for mig?

2. O, Højde, jeg ej ser,
 O, Dyb, jeg ej kan naa!
O, store Kjærlighed,
 Jeg kan i Jesus faa

3. O, Sjæl, hvor kold du dog
   Mod Jesus hengaa't har,
Da Kjærlighedens Ild
   Bør brænde højt og klar.

4. Jeg lever, — men ej jeg,
   Han lever nu i mig,
Som frigjør mig fra Synds
   Og Dødens Lov i sig.

---

130. **De Kristnes Hjem.**

Mel. In the Christians home in glory.

I de Kristnes Hjem derovem
   Er et Hvilens Land bered',
Hvor min Frelser gik foran mig,
   At berede mig et Sted.

Kor: :,: :,: Der er Ro for de Trætte, :,: :,:
   Der er Ro for dig.
Paa den anden Side Jordan,
I det skjønne, glade Eden,
Der, hvor Livsens Træ skjønt blomstrer,
   Der er Ro for dig.

2. Der min Bolig han nu pryder,
   Gjør saa herligt alt istand,
Og mit Ophold der er evig,
   I det skjønne, glade Land.

3. Synger, synger, frelste Sjæle,
Sejerssange, hvor I gaa,
Zions Perleporte altid
Skal for Eder aabne staa.

131. Jesus græd for Syndre.

Mel. Did Christ o'er sinners weep?

Jesus for Syndre græd,
 Og da vi er' blandt dem,
Lad dybest Angersmertes Flod
 Fra Øjet bryde frem.

2. Guds Søn i Graad! det var
 For Engle underlig,
Forundre ogsaa dig, min Sjæl,
 Hans Taarer var for dig.

3. Han græd, at ogsaa vi
 For Synd skal græde her;
I Himlen blot er ingen Synd
 Og ingen Taarer mer.

132. Kom til Jesus just nu.

Mel. Come to Jesus.

Kom til Jesus, kom til Jesus,
Kom til Jesus, just nu,
Just nu, kom til Jesus,
Kom til Jesus, just nu.

2. Han vil frelse, han vil frelse,
Han vil frelse, just nu,
Just nu, han vil frelse,
Han vil frelse, just nu.

3. Han har Magten, osv.

4. Han er villig, osv.

5. Han dig venter, osv.

6. Han bønhører, osv.

7. Han vil rense, osv.

8. Han gjenføder, osv.

9. Han tilgiver, osv.

10. O, saa tro ham, osv.

(Den samme Sang, sammendragen i to Vers):

1. Kom til Jesus, han vil frelse,
Han har Magten, just nu,
Just nu, han er villig,
Han dig venter, just nu.

2. Han bønhører, han vil rense,
Han gjenføder, just nu,
Just nu, han tilgiver,
O, saa tro ham, just nu.

133. **O, salig' Dag.**

Mel. O. happy day, that fixed my choice.

O, salig' Dag, da jeg har dig
Udvalgt som min, o, Frelser kjær!
Henrykt mit Hjerte glæder sig,
Sin Fryd forkynde højt til hver.

Kor: Salig' Dag, salig' Dag!
Da Jesus al min Synd borttog;
Han lærte mig: tak, bed og vaag!
Og Hjertet helt til sig hendrog.
Salig' Dag, salig' Dag!
Da Jesus al min Synd borttog.

2. Mit Livs Forandring sket nu er,
Jeg Herrens er og han min blev;
Han drog mig, og jeg fulgte nær;
Hans Stemme Hjertet helt henrev.

3. Du Hjerte, længe delt, nu hvil
Paa Naadens Grundvold lykkelig;
Gaa aldrig fra ham bort, men il
Til ham, som gav dig Alt med sig.

4. Mit Løfte, given til min Ven,
Forny'r jeg daglig, til jeg bragt
Til Livets sidste Time, end
Velsigner højt saa kjær en Pagt.

134. **Frelsen.**
(Tit. 2, 11.)

Mel. Come, sing the gospel s joyful sound. G. H. 2—1.

Kom, syng det glade Budskabs Lyd:
   Fri Frelse Syndre faar!
Kundgjør rundt Jordens Kreds med Fryd
   Guds Naades Jubelaar!

    Kor: Fri Frelse, fri Frelse
         Guds Naade bringer her;
         Fri Frelse, fri Frelse,
         Ved Kristus ene er.

2. Bedrøvet Sjæl, med Tak udbryd!
   Du Blinde, Jesus se!
Du Fangne, syng nu højt af Fryd,
   Frigjort fra Sorg og Ve!

3. Henrykt din Sang med Fryd gjentag
   Om Jesu Kjærlighed!
Pris Gud, du har hans Velbehag;
   Paa Jorden er der Fred!

---

135. **Fremad! opad!**
(Aab. 3, 11.)

Mel. Onward, upward, Christian Soldier. (G. H. 2—2.)

Fremad! opad! Kristi Stridsmand,
   Vig ej! Fat med Kraft dit Sværd!
Skærp det til Erobrings Sejre
   I din Herres Krige her!

Fra hin store hvide Trone
  Gud nedskuer, — det dig mind!
:,: Ham er det, som nu dig byder:
Modtag Korset, Kronen vind! :,:

2. Fremad, opad! Vov Alt, gjør Alt,
  Tro mod ham, som frelste dig!
Mød din Fjende med ham dristig,
  Hvor end Farer viser sig!
Hist fra Himmelmurens Tinde,
  Hvilken Skare skuer Alt!
:,: Næsten er det, som de raabe:
Mist ej Kronen! Frem! Vind Alt! :,:

3. Fremad! til bit Løb er fuldendt,
  Som de Frelstes foran dig!
Tro'n bevar! om du forfølges;
  Aldrig fejg i Kampen vig!
Fremad! opad! til med Sejren
  Du din Rustning lægger ned!
:,: Og af Jesu Haand modtager
Kronen, som dig er bered! :,:

---

136. Mer Kjærlighed til dig.

Mel. More love to thee, O, Christ. (G. H. 2—3.)

Mer Kjærlighed til dig,
  O, Jesu kjær!

Hør mig, da jeg i Bøn
  Mig bøjer her.
I Naade giv du mig
Mer Kjærlighed til dig,
  :,: Mer Kjærlighed. :,:

2. Engang Jordlivets Fryd
  Jeg elsket' mest;
Nu søger jeg dig blot;
  Giv, hvad er bedst!
O, Jesus, giv blot mig
Mer Kjærlighed til dig,
  :,: Mer Kjærlighed. :,:

3. Send Sorg, om du kan se
  Det gavnligt er;
Sød er dit Sendebud
  Og Stemmen kjær,
Der synger ømt med mig:
Mer Kjærlighed til dig,
  :,: Mer Kjærlighed. :,:

4. Da skal mit sidste Suk
  Pris hviske her;
Skilsmissens Bøn til dig
  Fra Sjælen vær,
Naar den opsvinger sig:
Mer Kjærlighed til dig,
  :,. Mer Kjærlighed. :,:

137. **Ganske din.**
(1 Thes. 5, 23.)

Mel. Thine, most precious Lord (G. H. 2—4.)

Din, o, Jesus kjær!
 O, gjør mig ganske din, —
Din i Tanke, Gjerning, Ord;
 Thi Herre, du er min.

Kor: Ganske din, ganske din!
 Du har kjøbt mig, jeg er din!
 Kjære Frelser! du er min!
 Gjør mig ganske din!

2. Ganske din, min Gud,
 At gaa paa dit Kald blot!
Din! mig dig helt offre op
 Med Alting, Stort og Smaat.

3. Ganske din, min Gud,
 Hver Stund at bruge ret,
Din i Tausheb, Tale, Alt,
 Som du mig giver det!

4. Ganske din, min Gud,
 At danne som du vil!
Styrk, bevar, velsign min Sjæl,
 Som du har kjøbt den til.

5. Din, ja ganske din!
 For evigt Eet med dig,
Grundet i din Kjærlighed,
 Fri, vis, i Troen rig!

138. Drag mig nærmere.

Mel. I am Thine, O Lord, I have heard. (G. H. 2—5.)

Jeg er, Jesus, din, jeg har hørt din Røst
    Om din Kjærlighed til mig;
Men jeg længes end ret i Troen her,
    Drages nærmere til dig.

Kor: Drag mig nærmer', nærmer', Jesus kjær,
    Til dit Kors, trofaste Ven!
  Drag mig nærmer', nærmer', nærmer', Jesus kjær,
    Til dit ømme Hjerte hen.

2. Til din Gjerning her, hellige mig helt
    Ved din Naades Kraft i mig!
Lad min Sjæl se op med et stadigt Haab,
    Saa min Vilje offres dig!

3. Hvilken Fryd, saa ren, har jeg hver en Stund,
    Jeg din Trone knæler nær,
Tabt i Bøn, og har Samfund sødt med dig.
    Du min Ven, saa øm og kjær!

4. Kjærlighedens Dyb først jeg skuer ret,
    Naar du hjem snart kalder mig;
Frydens højest' Top naar jeg ikke før
    I hint Himmel=Land hos dig.

139. **Fuld Tillid.**

(Pf. 119, 42.)

Mel. All my doubts I give to Jesus. (G. H. 2—6.)

Al min Tvivl jeg giver Jesus,
Jeg hans Naades Løfte tror:
"Hvo, som tror, skal ej beskæmmes;"
Jeg nu hviler paa det Ord.

   Kor: :,: Jeg nu hviler, ganske hviler,
         Sødt jeg hviler paa hans Ord. :,:

2. Al min Synd er lagt paa Jesus,
I sit Blod han renser mig;
Hellig, ren, han vil bevare
Mig, og bringe hjem til sig.

3. Al min Frygt jeg giver Jesus,
Sjælen, træt, fandt Ro, ham nær;
Skjøndt min Vej er skjult i Mørke,
O, hans Lys ej dunkel er!

4. Al min Fryd jeg giver Jesus,
Han min Glæde ene er;
Han, den hele Verdens Herre,
Har Alt, jeg behøver her.

5. Alt jeg er, jeg giver Jesus,
Legem', Sjæl og Sind og Sands,
Alt jeg har, og hvad jeg haaber,
Her og hisset, — Alt er hans.

140. Halleluja, hvilken Frelser!
(Esa. 53, 3.)

Mel. Man of sorrows, what a name! (G. H. 2—7.)

"Smertens Mand!" — Hvad Navn at naa,
For Guds Søn, som vilde gaa,
Tabte Syndre frelst at faa!
   Halleluja! hvilken Frelser!

2. Skam og Spot han villig bar;
I mit Sted fordømt han var;
Med sit Blod han kjøbt mig har!
   Halleluja! hvilken Frelser!

3. Skyldig, slette, hjælpløs', vi! —
Han: — den Rene, — gaar forbi,
Saa os, hjalp os, — vi er fri!
   Halleluja! hvilken Frelser!

4. Løftet op for Synd paa Jord,
"Alt er fuldbragt," var hans Ord;
Han med Sejr til Himlen foer!
   Halleluja! hvilken Frelser!

5. Naar han kommer atter her,
Samler sine Frelste der,
Da paany vor Sang det er:
   Halleluja! hvilken Frelser!

141. **Jesus skal regjere.**

Mel. Jesus shall reign where'er the sun. (G. H. 2—8.)

Jesus regjere skal hvert Sted,
Saa langt som Sol gaar op og ned;
Hans Magt fra Hav til Hav skal naa,
Og Folkeslag hans Kundskab faa.
Fra Nord og Syd skal Fyrster gaa
Til ham, og Hyldest bringe maa,
Og Vestens Folk skal kjende Gud,
Og Vilde lyde Jesu Bud.

2. Bønoffer bringes uden Tal,
Og evig Pris ham krone skal.
Hans Navn, som sødest' Vellugt, maa
Med Morgenoffrets Tak opgaa,
Og Folk skal prise da hver Gang
Hans Kjærlighed med yndig Sang;
Selv Smaabørns Stemmer hæve sig,
Hans Navn velsigner frydelig.

---

142. **Jeg synge vil om Jesus.**

Mel. My song shall be of Jesus. (G. H. 2—9.)

Jeg synge vil om Jesus,
  Hans Naade kroner mig,
Min Glædes Skaal han fylder
  Og lær' mig prise sig.

Jeg synge vil om Jesus,
  Guds Lam, min Frelser god,
Som har sig for mig givet
  Og kjøbt mig med sit Blod.

2. Jeg synge vil om Jesus,
  Her ved hans Fod især;
Hans Godhed jeg mig minder
  I sød Erindring her.
Jeg synge vil om Jesus,
  Hvad Sorg end komme vil,
Om Naaden, som mig frelste,
  Og mig har holdt hidtil.

3. Jeg synge vil om Jesus,
  Mens ilende fremad,
At naa den skjønne Himmel
  Og Guds og Lammets Stad.
Naar jeg snart skal indtræde
  I Himlens skjønne Sal,
En Ærens Sang jeg synge
  For ham der evig skal.

143. Er dit Vindu aaben mod Jerusalem?

(Dan. 6, 10.)

Mel. Do you see the Hebrew captive kneeling?
(G. H. 2—10.)

Ser du hist hin Hebræ'r Fange knæle
Hver Morgen, Middag, Aften, ned?

I sit Hus han ømt erindrer Zion,
Der i sin Landflygtighed.

Kor: Er dit Vindu aaben mod Jerusalem,
Skjøndt en Fange her en "liden Stund"
du er?
For din Konges Komme, herlig med Ære,
Vaager du hver Dag vel her?

2. Frygt blot ej Ildovnen at betræde,
Bæv ej for Løvekulen mer!
Daniels Gud er mægtig dig at frelse,
Han vil sende Engle der.

3. I, Guds Børn, fat Mod højt at besynge
Den store Frelse, aabenbar't!
Eders Ansigt vend mod Zions Høje,
Hvorfra Kongen kommer snart!

144. Ikkun et Skridt til Jesus.
(1 Sam. 20, 21.)

Mel. Only a step to Jesus. (G. H. 2—11.)

Ikkun et Skridt til Jesus!
O, tag det nu, med Hast!
Kom nu! din Synd bekjende,
For ham dig her nedkast.

Kor: Ikkun et Skridt! ikkun et Skridt!
Kom, han venter dig!
Kom nu! din Synd bekjende,
Saa vil han Freden sende.
Forkast dog ej den Naade,
Han frit tilbyder dig!

2. Ikkun et Skridt til Jesus!
   Blot tro! saa lever du.
Han kjærligen dig venter,
   Tilgiver villig nu.

3. Ikkun et Skridt til Jesus!
   Fra Synd til Naade, — mærk!
Hvad har du nu besluttet?
   Se! Tiden iler stærk.

4. Ikkun et Skridt til Jesus!
   O, kom! o, kom! og sig:
Med Hjertens Glæde, Jesus,
   Jeg giver mig til dig!

145. **Arbejd tro.**
(Mat. 21, 28.)

Mel. To the work! To the work! (G. H. 2—12.)

Arbejd tro! Arbejd tro! som Guds Tjenere
bør,
Følg din Mesteres Spor, ham adlyd, ham
blot hør;
Lad hans Raad, som en Balsam, din Styrke
forny;
Gjør med Magt, hvad din Haand finder her,
og ej fly.

Kor: :,: Arbejd tro, arbejd tro, :,:
Il og haab (ja haab), vaag og beb (ja
beb);
Vær tro, din Mester kommer snart.

2. Arbejd tro, arbejd tro! føb den Hungrige her;
Til Livskilden den Trætte før hen, ja ham bær;
Lad din Ros og din Fryd være blot Korsets Sti,
Og udbred glad det Budskab: se, Frelsen er fri!

3. Arbejd tro, arbejd tro! Der er Arbejd' for hver;
Mørkets Rige skal falde, Vildfarelsens Hær;
Og Jehovas ophøjede Navn æres i
Barnets jublende Lovsang: se Frelsen er fri!

4. Arbejd tro, arbejd tro! men faa Kraft fra Guds Søn,
Ærens Krone og Dragt da snart bliver din Løn,
Blandt de trofaste Vidner hist stemmer du i
De Blodrensedes Jubel: se, Frelsen er fri!

---

146. **Alt for mig.**
(Mat. 27, 29.)

Mel. Suff'ring Saviour, with thorn crown. G. H. 2—13

Jesus blødende her se,
Tornekronet, fuld af Ve,

Sorgfuld, sønderreven, træt,
Knust, afmægtig, plaget ret!
    Alt for mig! Ja, Alt for mig!

2. Jesus, Frelser, mild og ren,
Af din Flok, ret gjør mig en!
Saa uværdig som jeg er,
Du har lidt Alt for mig her.
    Alt for mig! Ja, Alt for mig!

3. Træt af Verden, bragt til dig,
Kjære Herre, tag mod mig!
I dit Naades Rige, o,
Giv mig, Ringe, Plads og Ro!
    O, velsign! Ja, ogsaa mig!

---

147.   **Immanuels Land.**

Mel. The sands of time are sinking. (G. H. 2—14.)

Nu Timeglasset synker
    Og Dagen herlig gryer;
Se, Evighedens Morgen
    Nu kommer, — Natten flyr.
Mørk, mørk var Midnatstimen,
    Men Dag jeg øjne kan,
Og Herligheden dvæler
    I Immanuels Land.

2. Jeg stred at naa til Himlen,
    Mod Storm og Hagl og Strøm,

Nu lig den trætte Vandrer
  Mig støtter Vennen øm.
I dunkle Natteskygger
  Stærk synker Livets Sand;
Se, Herligheden dages
  Fra Immanuels Land.

3. Min Vej var tidt hel farlig
  Og skarp dens Tornehegn,
Men Alt er gjennemvandret,
  Jeg ser en bedre Egn.
Snart faar jeg Engleharpen
  Og er da ret istand
At synge, mens jeg iler
  Til Immanuels Land.

---

148.   **Mørk Natten er.**

(Ps. 32, 7.)

Mel. Dark is the night, and cold the wind is blowing.
(G. H. 2—15.)

Mørk Natten er, og Vinden kold frem=
  bryder,
Mod Klipper voldsom Bølger bryde sig.
Hvor skal jeg gaa, og hvorhen fly for Tilflugt?
I Stormens Skræk, min Fader skjul du mig!

Kor: Med hans Haand at lede mig Lad blot
            Skyer samle sig,
    Og lad Bølger højt og strækfom slaa
            omkring mig;
    Jeg skal Stormen udstaa vel Med hans
            Naade i min Sjæl,
    Og kan synge midt i Stormen: Pris ske
            Gud!

2. Mørk Natten er, men Løftet mig op=
            muntrer;
Se, han vil gaa med mig paa oprørt Sø!
Og sikkert lede mig i dybe Vande;
Min Jesus mægtig frelser fra at dø.

3. Mørk Natten er, men se! nu Dag frem=
            bryder!
Fremad, mit Skib! hvert Sejl med Fryd
            udbred!
Ved Roret ser jeg Jesus staa og styre,
Snart, bag Forhænget, ankrer han i Fred!

---

149. **Hør Kaldet.**

Mel. Lo, the day of God is breaking. (G. H. 2—21.)

Se, nu Kampens Dag frembryder;
Herrens Dag, — vaagn! vær ej lad!
Jordens Børn af Slummer vaagne,
Hilse Morgenstjernen glad.

Kor: Hør hans Kald, iför din Rustning straks,
Fat nu Aandens skarpe Sværd,
Tag din Hjelm og Skjoldet hastig,
Il og tag din Plads i Herrens Hær.

2. Stol paa Jesus, din Anfører,
Frygtsom, ængstlig du ej vær;
I hans Navn vi skulle vinde,
Thi han leder selv sin Hær.

3. Fremad sikker, fast og stadig,
Frygt ej Satans Vrede mer;
Herren selv er med dig altid,
Til du Sejrens Krone bær.

4. Herrens Hær med opløft' Banner,
Ilende frem i hans Magt,
Ej skal standses til den jubler:
"Alt er Jesus underlagt."

---

150. Høstfolk! i Livets Høsttid.

Mel. Ho! reapers of life's harvest. (G. H. 2—17.)

Høstfolk! i Livets Høsttid
  Med rustet Lee ej staa,
Til Nattens Skygger meldes
  Og Dagens Lys vil gaa.
Ej ledig staa at vente,
  Til flere kommen er';
Den gyldne Morgen svinder,
  Ej ørkesløs staa her.

2. Brug den skarpslebne Segel,
   Hjælp samle Nege ind;
Snart Natten sig vil nærme,
   Arbejd her glad i Sind.
Vor Mester Høstfolk kalder,
   Skal han forgjæves det?
Skal Nege ligge spildte?
   Ej samles? Er det ret?

3. Kom ned fra Høj og Bjerge
   I Morgenstundens Glands,
Selv hen mod Middags-Heden
   Din Virksomhed ej stands.
Arbejd i Kuld og Hede,
   Af Kraft og Iver fuld,
Hold ikke op før Aft'nen
   Er kommen med sit Guld.

4. Stig op paa Visdoms Højder,
   Vildfarelser nedslaa;
Hver Kundskab, som er nyttig
   Du ikke skjule maa.
Vær tro i al din Gjerning,
   Som Herrens Tjener bør,
Og da du Sejerskrandsen
   Med Glæde vente tør.

151. **Fryd i Sorgen.**

(Joh. 16, 20.)

Mel. I've found a friend in sorrow. (G. H. 2—18.)

Jeg fandt en Fryd i Sorgen,
En Ro i Smertens Egn,
En skjøn og yndig Morgen
Af Solskin efter Regn;
Et Træ, til at forsøde
Hver bitter Kilde nær; (2 Mos. 15, 25.)
Et Løfte at opgløde
Vansmægtet Hjerter her.

2. Jeg fandt et glad Hosanna
Paa hver en Sorgens Vej;
En Haandfuld af sød Manna,
Om Escols Druer ej; (4 Mos. 13, 24.)
Jeg fandt en Klippekilde,
Om Ørk'nen tør end er,
Paa Vandringsveje, vilde,
Jeg fandt et Elim nær. (2 Mos. 15, 27.)

3. Et Elim med dets Kilde,
Dets Palmeskyggers Skat,
Velsignelsernes Fylde,
Om Løftet synes mat,
Regnbuens Lys at fryde
I Angerstaarers Ve,
En Ærens Frugt at nyde,
Saa nær, — dog ej at se.

4. Min Frelser, din at være!
Da har jeg Hvile, Fryd,
Har Lægedom og Ære,
Solskin og Lovsangs Lyd,
Har Løftet for de Bange,
Et Elim er jeg mat,
Regnbuer, klare, mange,
I Taareskyer sat!

152. Det himmelske Land.

Mel. I love to think of the heavenly land. G. H. 2—19

Jeg tænker saa glad paa Himlens Land,
 Hvor hvidklædt' Engle staa,
Hvor mangen en Ven fra Træthed, Sorg
 Og Frygt kan sikker gaa.

 Kor: :,: :,: Der skal vi ej skilles, :,: :,:
   Vi aldrig skilles mer.

2. Jeg tænker saa glad paa Himlens Land,
 Hvor Jesus hersker selv,
Hvor herlige Sange sendes op
 Ved Livets klare Elv.

3. Jeg tænker saa glad paa Himlens Land,
 De Frelstes Hjem saa ren,
Hvor Palmer og Klæder falme ej,
 Og al vor Fryd er een.

4. Jeg tænker saa glad paa Himlens Land,
   Den Hilsning vi der faa,
De Harper og Sange, og at vi
   Paa gyldne Gader gaa.

5. Jeg tænker saa glad paa Himlens Land,
   Det Løftets Land saa kjær;
Min henrykte Aand nu længes stærk,
   At være evig der.

153. **Kald dem ind.**
(Luk. 14, 23.)

Mel. "Call them in" — the poor. (G. H. 2—20.)

"Kald dem ind," — de Arme, Ringe,
Helt besmittet', syndefuld',
Tilbyd frit dem Fred og Naade;
De er' mere værd end Guld.
"Kald dem ind," — de Svage, Trætte,
Trykket ned af Skam og Synd,
Bed dem komme frit til Jesus,
Han dem venter, — "kald dem ind."

2. "Kald dem ind," — hver Jøde, Hedning,
Byd hver Fremmed ind til Fest.
"Kald dem ind," — de Rige, Ædle,
Høje, Lave, byd til Gjæst.
Fad'ren iler dem at møde,
Han har set hver sorgfuldt Sind,
Kongedragt og Ring og Ære
Faar Fortabte, — "kald dem ind."

3. "Kald dem ind," — som blot bekjende,
Slumre dog en Afgrund nær,
Intet Naadeliv besidde,
Tænke dog, de sikkre er';
Kald hver ligegyldig Spotter,
Lystens Træl, med jordisk Sind;
Bring dem Jesu Naades Tilbud,
Uskatterlig, — "kald dem ind."

4. "Kald dem ind," — de Sønderknuste,
Som har Skammens Mærke faat;
Bring dem Budet, øm og kjærlig,
Jesus kom for Syndre blot.
Se, hvor Skyggerne dog længes! — .
Evigheden bryder ind!
Kan du taale se dem tabte?
Jesus kommer! — "Kald dem ind."

154. Halvdelen er ej sagt.
(1 Kong. 10, 7.)

Mel. Repeat the story o'er and o'er (G. H. 2—23.)

Gjentag det Budskab ofte ret,
  Om Naaden fri og rig,
Jeg mer' og mere elsker det,
  Thi Naaden frelste mig.

  Kor: Halvdelen er ej sagt,
      Halvdelen er ej sagt,
      Om Naaden rig og underfuld,
      Halvdelen er ej sagt.

2. Af Navn jeg Freden kjendte blot,
   Jeg fandt ej Hvile, Trøst,
 * Før til min trætte Sjæl var naa't
   Hin stille, sagte Røst.

   Kor: Halvdelen er ej sagt,
         Halvdelen er ej sagt;
         Om Freden, søb og underfuld,
         Halvdelen er ej sagt.

3. Min højest' Plads er ligge ned,
   Min Jesu Fødder nær;
   Før jeg ham tjener, jeg ej ved
   Af rigtig Glæde her.

   Kor. Halvdelen er ej sagt,
         Halvdelen er ej sagt;
         Om Glæden stor og underfuld,
         Halvdelen er ej sagt.

4. Hvad Jubelfryd, hvad Salighed!
   Iblandt hin frelste Flok,
   Henrykt hans store Kjærlighed
   For evigt prise nok.

   Kor: Halvdelen er ej sagt,
         Halvdelen er ej sagt;
         Om Kjærlighed, saa underfuld,
         Halvdelen er ej sagt.

155. **Høstfolkene.**

Mel. Oh, where are the reapers? (G. H. 2—24.)

O, hvor er de Høstfolk, som tro vil her
Benytte det Sandhedens Seg'l, og bær'
Den gode Sæds Nege fra Marken bort,
Og ikke vil hvile før Alt er gjort?

Kor: Hvor er de Høstfolk, som vil, og hvem
 Gaar trolig og hjælper os nu Høsten hjem,
 Som Æren vil naa, at samle dem
 Som ere god Sæd? — O, hvo gaar frem?

2. Gaa ud ved Vejskjellene, søg og lær
Om Hvede kan findes blandt Ukrud der,
Paa Gader og Stræder maa du og gaa,
Sank Fattige, Rige, sank Store, Smaa.

3. Se Markerne hvidnes, og fjern og nær
Al Verden nu ser, at Høsttid det er;
Arbejdet er meget og Høstfolk faa;
Skal Høsten end vente, vi spilde maa.

4. Saa kom nu med Seglen; i Ansigts
 Sved
Indsaml' da i Laden den gyldne Sæd.
Høstherren snart kommer; vær du blandt
 dem,
Som dele hans Glæde i Høstens Hjem,

156. Min Synd jeg bringer dig.
(Esa. 30, 15.)

Mel. I bring my sins to thee. (G. H. 2—25.)

Min Synd jeg bringer dig,
Saa stor, saa tung, utalt,
At du kan tvætte mig
I dit Blod ren for Alt.
Jeg bringer, Frelser, Alt til dig,
:,: Thi Byrden er for stor for mig :,:

2. Min Sorg jeg dig frembær',
Den trykker haardt min Sjæl;
Ej Ord behøves her,
Du kjender Alt saa vel.
Jeg bringer Sorgen, lagt paa mig,
:,: Barmhjertig' Frelser hen til dig. :,:

3. Min Fryd jeg bringer dig,
Du gav af Kjærlighed,
At den maa løfte mig
Mer opad til din Fred.
Jeg bringer hver en Fryd til dig,
:,: Thi, Frelser, du dem gav til mig. :,:

4. Mit Liv jeg bringer dig,
Jeg ønsker være din;
O, Frelser, tag mod mig,
Gjør evig mig til din!
Mit Hjerte, Liv, ja Alt jeg bær'
:,: Til dig; giv, at jeg din blot er! :,:

157. Frelsens Sang.*)

(Mat. 11, 28.)

Mel. I have heard of a Saviour's love. (G. H. 2—26.)

Jeg har hørt om en Frelser, stor,
Om hans Kjærlighed, underfuld, rig;
Men kom han herned til vor Jord
:,: Blot af Kjærligheds Ømhed :,: for mig? :,:

"Det er en troværdig Tale og aldeles værd at annammes, at Kristus Jesus kom til Verden at gjøre Syndere salige." 1 Tim. 1, 15.

Kor: Ja, ja, ja, for mig, for mig!
Ja, ja, ja, for mig!
Ja, Jesus, jeg ved,
Kom af Kjærlighed ned;
Ved sin Død har han frelst dig og mig!

2. Jeg har hørt, hvor paa Korset bragt,
At han blødende offrede sig;
Men er der vel nogetsteds sagt,
:,: At han blødte og døde :,: for mig? :,: :,:

"Han er saaret for vore Overtrædelser og knuset for vore Misgjerninger; Straffen laa paa ham, at vi skulle have Fred, og vi have faaet Lægedom ved hans Saar." Esa. 53, 5.

Kor: Ja, ja, ja, for mig, etc.

3. Jeg har hørt om en Himmel skjøn,
Hvor du, Jesus, har Dine hos dig;

---

*) De under hvert Vers anførte Skriftsprog bør læses inden Koret synges.

Men er der en Plads vel i Løn,
:,: Nu gjort rede og prydet :,: for mig? :,: :,:

"I min Faders Hus ere mange Boliger....Jeg gaar bort at berede Eder Sted ...at hvor jeg er, skulle ogsaa I være." Joh. 14, 2, 3.

Kor: Ja, ja, ja, for mig, etc.

4. O, min Frelser, o, svar mig her, —
O, til hvem skal jeg gaa uden dig? —
Og sig, ved din Hellig Aand, der
:,: Er en Frelser og Himmel :,: for mig :,: :,:

"Den Tørstige vil jeg give af Livsens Vands Kilde uforskyldt. Den, som sejrer, skal arve alle Ting, og jeg vil være ham en Gud, og han skal være mig en Søn." Aab. 21, 6, 7.

Kor: Ja, ja, ja, for mig, etc.

---

158. Vov at ligne Daniel.
(Dan. 1, 8.)

Mel. Standing by a purpose true. (G. H. 2—88.)

Ved et godt Forsæt fast staa,
  Lyd Guds Bud, og ær
Du dem, de trofaste faa,
  Pris Daniels Flok især.

    Kor: Vov at ligne Daniel,
         Vov og ene staa,
         Vov at have fast Forsæt,
         Vov at sige saa.

2. Fældt blev mangen kraftfuld Mand,
Slap sit Forsæt god,
Skjøndt en Herrens Helt om han
I Daniels Flok blot stod.

3. Mangen Kæmpe, ond og gram,
Frygtet, stærk, blev nok
Styrtet brat og faldt med Skam,
Om mødt af Daniels Flok.

4. Op til Sejr, i Herren stærk!
Højt hans Fane bær!
Modstaa Satan og hans Værk,
Og Daniels Flok højt ær!

159.   Afskedssang.

Mel. Lord, dismiss us with Thy blessing. G. H. 2—90.

Gud velsign os nu vi skilles,
Hjertet fyld med Fryd og Fred;
Lad os sejre ved din Naade,
Eje her din Kjærlighed.
Vederkvæg os, vederkvæg os,
Hvor vi færdes, hvert et Sted.

2. Vi dig takke og tilbede
For den Ordets Trøst vi faa;
Giv, at i vort Liv og Hjerte
Naadens Frugter findes maa,
Og vi trofast', og vi trofast'
I din Sandhed stedse staa.

3. Naar du da os naadig kalder
Hjem til dig i Himlens Sal;
Og dit Englebud os sender,
Giv vi lyde glad dit Kald.
Hvilken Glæde, hvilken Glæde,
Der vi aldrig skilles skal.

160. Lavt ved Jesu Fødder.
(Luk. 10, 39.)

Mel. At the feet of Jesus. (G. H. 2—28.)

Lavt, ved Jesu Fødder,
Hørende hans Ord,
Lærende høj Visdom
Af hin Herre stor,
Sad Maria stille og
Ydmyg Hørers Plads hun tog.

  Kor: Lavt ved Jesu Fødder,
     Pladsen for mig er,
     Jeg som ydmyg Hører
     Vælger være der.

2. Paa sin Jesu Fødder,
Udøst Vellugt sød,
Gav Maria kjærlig,
Tilredt til hans Død,
For den "gode Gjernings" Sag
Vandt hun Jesu Velbehag.

—(169)—

Kor: Lavt ved Jesu Fødder
      Pladsen for mig er,
      Jeg som kjærlig Tjener
      Ønsker være der.

3. Lavt ved Jesu Fødder,
Glad hin Morgen bragt,
Hvilken Fryd dog have
Elsk'te Hjerter smagt!
Ile med at brede ud:
"Jesus opstod! — Priser Gud!"

Kor: Lavt ved Jesu Fødder,
      Den Opstandne nær,
      Jeg skal evigt prise
      Ham, min Frelser kjær.

---

161. **En liden Stund.**
(Joh. 16, 17.)

Mel. Oh, for the peace that floweth. (G. H. 2—29.)

O, Fred, som rolig frem, lig Floden, flyder
Og Blomst og Smil til Livets Ørken bær!
O Tro, som Himlens "Vel for evigt" nyder
I Jordens Skyggers "Liden Stunds" Besvær!

2. "En liden Stund" for Taalmods Vente-Vaagen,
At bære Storm og Stridens Sorg og Tvang;

Først Sæden trolig saa i Taare=Taagen,
Da binde Neg og synge Høstens Sang.

3. "En liden Stund" Lerkarret bragt med
　　　　　　　　　　　　　　　Sukke
Til Vejens Bæk, fra fjerne Kilder født,
Da tørre Læbers Tørst for evigt slukke
Ved Kilden selv, saa roligt, frit og sødt.

4. "En liden Stund" vor Lampe redegjøre,
Tro kjøbe Olje før vi er' i Trang,
Og da Brudgommens Skridt saa glade høre
Med Fryd ham møde med vor Brudesang.

---

162. **Den faste Klippe.**
(Ps. 94, 22.)

Mel. My hope is built on nothing less. (G. H. 2—30.)

Mit Haab er byg't paa Jesu Blod,
Og hans Retfærdighed, som stod
　J mit Sted, og min Klippe er;
　Ej Følelser mig længer bær'.

Kor:　Paa Klippen Kristus staa jeg kan,
　　　:,: Al anden Grund er ikkun Sand. :,:

2. Naar Mørkets Slør hans Aasyns Lys
Tildækker, Naaden er dog vis;
　J Stormens Skræk mit Anker kast'
　Skal fæste sig paa Klippen fast.

—(171)—

3. Hans Ed, hans Pagt, hans Død, hans Blod,
Skal holde mig i stærkest' Flod;
Naar Alt forsvinder om min Sjæl,
Han er mit Haab, min Trøst, saa vel.

4. Han kommer snart i Magt og Glands;
Maa jeg da være En af Hans!
Klædt i hans Retfærds Dragt hengaa
Og pletfri for hans Trone staa.

---

163. Just et Ord for Jesus.
(Eset. 24, 19.)

Mel. Now just a word for Jesus. (G. H. 2—31.)

Nu just et Ord for Jesus,
　Din kjærest' Ven, dog sig,
Opliv vort Hjerte, sig os,
　Hvad han har gjort for dig.

　　Kor: Nu just et Ord for Jesus,
　　　　Det os fremhjælpe skal,
　　　　Et lidet Ord for Jesus,
　　　　O, beb, syng eller tal!

2. Nu just et Ord for Jesus,
　Du veed din Synd forladt
Og ved Guds Naade iler,
　At naa din Himmel=Skat.

3. Nu just et Ord for Jesus;
   Et Kors ej er for dig
At sige: jeg ham elsker,
   Som gav sit Liv for mig.

4. Nu just et Ord for Jesus,
   Lad Tiden ej bortgaa;
For Hjertets Pligt forsømme
   Blot Sorg og Nag vi faa.

5. Nu just et Ord for Jesus;
   Er Troen svag, — dog glad
Blot rejs dig i din Svaghed,
   Ham Resten overlad.

---

164. **Sku op til Jesus.**
(Heb. 12, 2.)

Mel. Look away to Jesus. (G. H. 2—37.)

Sku dog op til Jesus,
   Sjæl, nedtrykt af Ve,
O, han led og døde
   For dig; kom! — ham se!
Han bar dine Synder,
   Sorger og Uro;
Sku dog op til Jesus!
   Stol paa ham, — hav Ro!

2. Sku dog op til Jesus
   I din Strid, o Sjæl!
Midt i Kampens Fare
   Hold din Rustning vel.
Er blandt Fjender mange
   Styrken ringe her,
Sku dog op til Jesus,
   Han Sejrherren er.

3. Sku dog op til Jesus;
   Er din Himmel klar,
Vaag, thi Havets Stilhed
   Ogsaa Farer har.
Jordens Fryd bortflyver
   Hastigen igjen;
Sku dog op til Jesus,
   Altid tro, som Ven.

4. Sku dog op til Jesus,
   Fat i Møjen Mod,
Snart din Hvile kommer
   Ved din Herres Fod.
"Fest er rede! — Kommer!" —
   Alle Bud nu faa;
Sku dog op til Jesus,
   I hans Fodspor gaa.

5. Tænk dig der i Glæden,
   Af hin evig Fest!

Din er ej den mindste,
Som din Herres Gjæst.
Midt i Fryd og Æren
Af din Salighed
Sku dog op til Jesus
I al Evighed!

---

165.   **Tillid til Jesus.**

Mel. Simply trusting every day. (G. H. 2—83.)

Ikkun Tillid hver en Dag;
Selv om Troen end er svag,
  Byg't paa Klippen, den ej faldt,
  Stol paa Jesus, det er Alt.

  Kor: Tillid hver en Dag paany,
        Tillid, blot til Jesus fly,
        Tillid, saa der er befal't,
        Stol paa Jesus, det er Alt.

2. Klart Guds Aand nu skinner ind
I det forhen mørke Sind;
  Vær nu Jordens Lys og Salt,
  Stol paa Jesus, det er Alt.

3. Her i Glæden syng og hvil,
Og i Farer til ham il,
  Som hvert Hovedhaar har talt;
  Stol paa Jesus, det er Alt.

4. Tillid hav mens her du gaar,
Snart du Hvilen hisset naar,
Hvortil du er naadig kaldt;
Stol paa Jesus, det er Alt.

---

166. Hvo hører Herren til?
(2 Mos. 32, 26.)

Mel. We're marching to Canaan with banner and song. (G. H. 2—34.)

Med Blodfanen for os til Kana'n vi gaa
Mod Synd her at kæmpe, som Herrens Folk maa;
Men for ej vor Styrke i Kampene her
Skal deles, — vi spørge: hvo Herrens helt er?

Kor: O, hvo er blandt os trofast og prøvet vel her,
Som svige ej Fanen, men Herrens helt er?

2. Vort Sværd vi maa skærpe og vel rustet staa,
Thi Satan, som Lys-Engel vise sig maa;
Og dybt skjult i Hjertet man Falskhed tidt bær',
Mens Læber bekjende: jeg Herrens helt er.

3. Hvo er her, hvis Trældomsfrygt ej end er endt,
Som ei Guds tilgivende Naade har kjendt?

Dit Hjerte, saa stolt, til ham ydmyg dog bær,
Og hast, mens han venter, saa Herrens du er.

4. For Sorg og for Smerte frygt ej paa din Gang,
Thi snart alle Sukke forandres til Sang.
Og bærende Korset med Frelseren her,
Vi sejrende juble: jeg Herrens helt er!

---

167.   **Tænk paa mig.**

Mel. Alas, and did my Saviour bleed? (G. H. 2—35.)

Har Frelseren udøst sit Blod,
   Min Konge offret sig?
Var han saa uudsig'lig god,
   Mod saadan Orm som mig?

Kor: Hjælp mig bekjende dig hvert Sted
     Og være tro mod dig,
     Og i dit Riges Herlighed,
     O, Jesus, tænk paa mig.

2. Var det for min Synd, Last og Skam
   Han led paa Korsets Træ?
Vil han for mig, som haded' ham
   Dog bære Dødens Ve?

3. Vel maatte Solen skjule sig,
   At være Vidne til
Den Himmelrene, Syndre lig,
   Forbandet være vil.

4. Skamfuld lad mig slaa Øjet ned
   Ved Synet af min Ven!
Med dybest' følt Taknemlighed
   Smelt mig i Taarer hen!

5. Dog det ej sletter Gjælden ud
   Og ej Betaling er,
Her gi'er jeg mig til dig, min Gud,
   Jeg kan ej gjøre mer.

---

168. Se Brudgommen kommer.

Mel. Our lamps are trimm'd and burning. G. H. 2—36

Vor Lampe færdig brænder,
   Vor Dragt er ren og hvid,
Vi vente for vor Brudgom,
   Det snart er Midnatstid.
Vi have intet Eget,
   Vi Fattige blot er,
Thi Oljen, Lampen, Dragten, Alt,
   Hans Gave er, os kjær.

   Kor: Se Brudgommen nu kommer,
         Hver kaldes nu saa blid,
         Hvis Lampe færdig brænder,
         Hvis Dragt er ren og hvid.

2. Gaa ud, nu ham at møde;
  Se, Vejen er bered',
Oplyst af Herligheden,
  Som straaler fra ham ned.
Modtag nu hans Indbydning,
  Den ej fortjenes kan;
Nøl ej; — men tag din Lampe snart
  Og il til Ærens Land.

3. Sku Bryllupsherligheden!
  Her er den aabne Dør!
Hvor hver, som Kaldet lyder,
  Med Fryd indtræde tør.
Se, fremfor alle andre,
  Hvor elskelig han er;
Dog vide vi, bli'er Døren luk't,
  Den aldrig aabnes mer.

---

169. Hvidere end Sne.
(Ps. 51, 9.)

Mel. Lord Jesus, I long to be perfectly whole.
(G. H. 2—39.)

O, Jesus, helbred mig, at jeg bliver vel!
O kom dog for evigt at bo i min Sjæl.
Bryd ned hver en Afgud, som volder mig Ve!
O, to mig, saa bliver jeg hvid're end Sne!

Kor: Hvid're end Sne, Langt hvid're end Sne;
       O, to mig, saa bliver jeg hvid're end Sne!

2. O, Jesus, afto bog hver vanhellig Plet!
Bortdriv mine Fjender, og Alt hvad er slet!
Lad mig afdø Verden! din Hjælp mig bete;
O, to mig, saa bliver jeg hvid're end Sne!

3. O, Jesus, min Hjælper, se naadig til
                                      mig,
Giv Villighed helt mig at offre til dig!
Her er jeg, o, tag mig! Din Villie ske!
O, to mig, saa bliver jeg hvid're end Sne!

4. O, Jesus, bønhør, og mig rens i dit
                                    Blod!
Her venter jeg nu ved din blødende Fod,
Der Lægedom ene i Tro jeg kan se;
O, to mig, saa bliver jeg hvid're end Sne!

5. O, Jesus, her venter jeg stille for dig;
O, kom, et nyt Hjerte at skabe i mig!
Til hver, som dig søger, du naadig vil se,
O, to mig, saa bliver jeg hvid're end Sne!

---

170.   **Livets Kilde.**

Mel. Fresh from the throne of glory. (G. H. 2—51.)

Fra Herlighedens Trone,
   Fremvælder sølverklar,

Den skjønne Livets Kilde,
  Som Flodens Storhed har.
:,: Livets Kilde, du dog stedse
  Fryd for Øjet var. :,:

2. Strøm, fuld af Liv og Glæde,
  Og Fred og Lægedom,
Ved dig er Frydesange
  Og Harpen er ej stum.
:,: Livets Kilde, o, du fryder
  Hver, som til dig kom. :,:

3. Dig Faderhusets Kilde
  Jeg er nu kommen nær;
Blot dine klare Vande
  Min Tørst kan slukke her.
:,: Livets Kilde, snart jeg evig
  Sidder ved dig nær. :,:

---

171. Min Fæstning.
(Ps. 18, 3.)

Mel. In Zion's Rock abiding. (G. H. 2—41.)

Saa tryg paa Zions Klippe
  Min Harpe har jeg stemt;
Min Grund kan ikke slippe,
  Jeg i Guds Hus er gjemt.

Kor: Min Fæstning han er,
Jeg flyr til ham der,
Hos ham jeg bor,
Paa ham jeg tror;
Min Fæstning han er.

2. Slaar Bølger mod min Bolig
Og Skyer true vred,
Dog i min Fæstning rolig
Jeg har fuld Sikkerhed.

3. Min Fæstning stærk og rede
I Alt kan holde Stand
Og Helveds Magter vrede
Den ej indtage kan.

---

172. Jeg stod udenfor Porten.
(Mat. 7, 13.)

Mel. I stood outside the gate. (G. H. 2—42.)

Jeg stod, et bortfly't Barn,
Ved Porten uden Trøst,
En Storm, saa stærk og vild,
Da raste i mit Bryst.
Stor Frygt, at det nu var
For sildig, trykte mig,
Og o, jeg skjælved' stærk
Og bad ydmygelig.

2. "O Naade!" raabte jeg,
"Tilgiv min store Synd!"

"Jeg vil!" der svartes mig,
　Og Naaden lod mig ind;
Den Hjertets Saar forbandt
　Og stilled' al Uro,
Den to'de mig fra Synd
　Og gav mig Fred og Ro.

3. I Naadens Dragt jeg fandt
　Den Frelser jeg forskjød,
Som søgte mig og græd
　Naar jeg bortløb til Nød.
Hvor sød Forandring dog
　For al min Tid af Synd!
Jeg stod ved Porten der
　Og Jesus lod mig ind.

173. Hold fast hvad du har.

(Aab. 2, 25.)

Mel. Oh, spirit, o'erwhelmed by failures. G. H. 2—43

Min Aand, som af Fejltrins Sorg meget har lidt,
Ser op til sin Herre med Taarer saa tidt;
Svag Tro, bliv du stærk og vær villig og svar:
Til dig er sendt Budskab: "hold fast hvad du har!"

Kor: :,: Hold fast hvad du har :,:
En Krone dig venter,
Hold fast hvad du har.

2. Hold fast, naar dig Verden vil drage til
sig,
Hold fast, naar dig Frist'ren anfalder med
Svig;
I Solskin og Sorger, hvad end viser sig,
At vige var skræk'ligt, — til Korset klyng
dig.

3. Din Frelser snart kommer, og naadig
vil da
Frelst Sjæl, som en Ædelsten, bringe herfra.
Om glad eller ængstet her, hold Alt dig klar',
Erindre Budskabet: "Hold fast hvad du
har!"

---

174. Udsaa Sæd af Godhed.

Mel. Let us gather up the sunbeams. (G. H. 2—44.)

Lad os samle op alt Solskin
  Paa vor Vej, vor Tid er kort;
Gjemme Hveden, gjemme Roser,
  Kaste Torn og Avner bort,
Lad det blive sødest' Glæde
  Omgaas andre mild og god,
Med en Taalmods Haand borttage
  Skarpe Torne fra hver Fod.

Kor: O, udsaa Sæd af Godhed,
O, udsaa Sæd af Mildhed,
O, udsaa Sæd af Ømhed,
For at høste godt igjen.

2. Sjelden skatte vi ret Sangen
   Før Sangfuglen borte er;
Skattes vel den blaa Kjærminde
   Før vi Blomster ej har mer?
Aldrig Sommerhimlens Solskin
   Synes halv saa skjøn, som naar
Vint'rens Snestorm strør sin hvide
   Dundragt for os, hvor vi gaar.

3. Vidste vi, at Barnets Finger
   Som paa Ruden gjør en Plet,
Kold og stiv var før imorgen,
   Ej besværer mer med det —
Vilde da vor Yndlings Øje
   Paa vor Pande se en Sky?
Vilde Fingermærker tirre
   Som de nu gjør tidt paany?

4. Disse smaa iskolde Fingre
   Vise vor Erindring hen
Til hver hastig Ord og Handling,
   Af os udstrø't daarligen.
De Smaahænder grant os minde,
   Liggende i snehvid Ro,
Ej at udstrø Torn, men Roser,
   For at høste glad og fro.

175. Fremad, Kristi Stridsmænd.

Mel. Onward, Christian soldier. (G. H. 2—45.)

Fremad, Kristi Stridsmænd,
 Fremad som sig bør,
Jesu Kors, det kjære,
 Frem for Eder før!
Kristus, Kongen, leder
 Her selv sin Armee,
Fremad da til Kampen
 Hvor I Korset se!

Kor: Fremad, Kristi Stridsmænd,
 Fremad, som sig bør,
 Jesu Kors, det kjære,
 Frem for Eder før.

2. Lig en mægtig Krigshær
 Gaar Guds Menighed;
Fordums Helteskarer
 Her og stred og led.
Vi er ej adsplittet,
 Staar som En hvert Sted,
Et i Haab og Lære,
 En i Kjærlighed.

3. Troner tidt omstyrtes,
 Riger blev omkast',
Dog skal Jesu Rige
 Staa urørlig fast.

Helveds Porte aldrig
   Overhaand skal faa;
Saa har Jesus lovet,
   Og hans Ord vil staa.

4. Deltag, Folk, i denne
   Glade Skares Gang,
Og tag Del med Glæde
   I vor Sejerssang.
"Magt og Pris og Ære,
   Kongen, Jesus Krist!"
Gjennem Evigheder,
   Helte juble hist.

---

176.   **Nær hos dig.**

Mel. Thou my everlasting portion. (G. H. 2—46.)

Du min Skat og Del for evigt,
Mer end Ven og Liv for mig
Jesus, paa min Vej herneden,
Lad mig vandre tro mod dig.
   :,: Nær hos dig, Nær hos dig :,:
Jesus paa min Vej herneden,
Lad mig vandre tro mod dig.

2. Verdens Ros og Ro og Glæde
Ej mer tilfredsstiller mig;

Glad vil jeg arbejde, taale,
Blot jeg bliver tro mod dig.
:,: Nær hos dig, nær hos dig, :,:
Glad vil jeg arbejde, taale,
Blot jeg bliver tro mod dig.

3. Gjennem Dødens Skyggers Dale,
Hvor Orkaner rejse sig,
Led mig, og i Lysets Rige
Lad mig indgaa, tro mod dig.
:,: Nær hos dig, nær hos dig, :,:
Led mig, og i Lysets Rige
Lad mig indgaa tro mod dig.

---

177. **Søger og frelser.**

Mel. Tenderly the shepherd. (G. H. 2—47.)

Omt den gode Hyrde,
Over Bjerge hen
Gaar at bringe Tabte
Tro hjem igjen.

Kor: Søger dig tro, frelse dig vil;
Fortabte, dig mind, Jesus nu gaar
Søger dig tro, Frelse dig vil,
Fortabte, se han Søger sit Faar.

2. Se, taalmodig søger
Ej'ren Dag og Nat,
Her i Støv og Mørke,
Den tabte Skat.

3. Elskende din Fader
Sender Bud til hver:
"Han var død, men lever,
Hjemkommen er."

---

178. Iler gjennem Livets Port.

Mel. I am now a child of God. (G. H. 2—48.)

Jeg er Guds Barn: han mig lod
Tvætte ren i Jesu Blod;
Nu jeg venter og jeg længes herfra bort.
Kjærlighedens Vinger vil
Snart mit Hjem mig bringe til;
Frigjort jeg da iler gjennem Livets Port.

Kor: Ja, i Lammets Blod jeg her
Tvættet ren fra Synder er;
Klædt i Renhed, smyk't med Klarhed,
Iler gjennem Livets Port.

2. Min velsignet Herre mig,
Fast nu holder nær til sig;
Sluttet i hans Favn og trøstet gaar jeg bort;
Jeg mig læner til hans Bryst, —
O, hvor søb er dog min Trøst, —
Jubler mens jeg iler gjennem Livets Port.

3. Iler gjennem Livets Port!
Engle vente mig! hvor stort!
Der de Trætte skal for evigt hvile sig;

Der al Strid er overstaaet,
Der er Livets Krone naaet.
Hvilken Herlighed har Staden foran mig!

4. Sprængt er Fængslets Dør, — jeg fri
Svæver Stjernerne forbi,
Til min Faders Hus, velsignet, herligt,
stort;
Livets Morgen frembrudt er,
Sejrens Sang begynder her;
Hvidklædt jeg nu iler gjennem Livets Port.

---

179. **Jesus er min.**

Mel. Fade, fade each earthly joy. (G. H. 2—49.)

Blot visne Jordlivs Fryd,
Jesus er min;
Hver yndet Baand blot bryd,
Jesus er min.
Mørk, skræksom Ørk'nen er,
Ej Jorden Hvile' bær,
Hos Jesus Ro jeg ser.
Jesus er min.

2. Lok ej min Sjæl herfra
Jesus er min;
Her vil jeg blive da,
Jesus er min.

Vekslende Smaabehag
Blot fødte for en Dag,
Bort fra mit Hjerte drag,
　　Jesus er min.

3. Nu Nattens Drømme fly,
　　Jesus er min.
Ved Naadens Morgengry,
　　Jesus er min.
Den verdslig' Glædes Flod
Blot Tomhed efterlod;
Eet fandt jeg derimod:
　　Jesus er min.

4. Farvel, du Død'lighed,
　　Jesus er min.
Velkommen Evighed,
　　Jesus er min.
Velkommen Himlens Lyst,
Velkommen Fryd og Trøst,
Velkommen Jesu Bryst,
　　Jesus er min.

180. Halleluja, han er opstaaet!

Mel. Hallelujah, he is risen! (G. H. 2—50.)

Halleluja, han er opstaaet!
　Jesus gaaet histop nu er,

Sprængte Dødens Lænker ganske,
Engle juble, Svar vi bær:
:,: Han er opstaaet, han er opstaaet,
Lever nu og dør ej mer. :,:

2. Halleluja, han er opstaaet!
Som vort Hoved, han nu tør
Sende Aanden, som et Vidne,
At vor Sag hos Gud han før'.
:,: Han er opstaaet, han er opstaaet,
Nu hans Blod retfærdiggjør. :,:

3. Halleluja, han er opstaaet!
Døden nu sin Braad har mist',
Selv Opstandelsen, han Sine
Bringer ud af Graven vist.
:,: Han er opstaaet, han er opstaaet,
Herren, Kongen her og hist. :,:

---

181.   **En herlig Krone.**

Mel. O, crown of rejoicing. (G. H. 2—53.)

En Krone, saa herlig, mig venter, naar her
Jeg Løbet har fuldendt, og Jesus jeg ser,
Naar de Ord af Herren, jeg høre snart maa:
"Til Glæden hos mig, du Trofaste, ind=
gaa!"

Kor: O, Krone, saa herlig, O, ærefuld Stand,
O, Fryd, evigvarend', O underfuld Land,
O skjønneste Hjem, Mit Hjem du og er,
O, Ære, gjemt for mig der.

2. O, underfuld Sang, som opsendes igjen
Til ham, som mig frelste, min Jesus, min Ven,
Al Herlighed, Ære og Tak der han faar,
Og Lovsange til ham for evigt opgaar.

3. O Fryd, evigvarend', naar vunden jeg har,
I Herlighed skinner, som Solen saa klar;
Der Sorger og Sukke og Skygger bortfly,
Der Nat er ej mere, blot Dag, evig ny.

4. O, underfuld Navn, som de Herlige bær',
Det ny Navn, som Jesus vil give os der,
Den, som overvinder, vil ikkun det faa,
Guds Velbehags Tegn, hans "Velkommen", der naa.

---

182.   Hans Ord et Taarn.
(5 Mos. 33, 25.)

Mel. While foes are strong and dangers near.
(G. H. 2—54.)

Er Fjender stærke, Faren stor,
En Røst mig naar med ømme Ord,
Det Jesu Stemme til mig er,
Mærk: "Som din Dag, din Styrke vær'."

Kor: :,: Hans Ord et Taarn, en Fristad er,
Mærk: "Som bin Dag, din Styrke
vær'!" :,:

2. Det Løfte Frygt nu tager bort
For Alt hvad jeg ser kjært og stort;
Thi Herrens Ord min Trøst nu er,
Mærk: "Som bin Dag, din Styrke vær!"

3. Og naar jeg dør og kaldes hen,
Jeg paa Guds Løfter hviler end;
Min Tillid til hans Ord da er,
Mærk: "Som bin Dag, din Styrke vær!"

---

183. J de tause Midnatstimer.

Mel. In the silent midnight watches. (G. H. 2—56.)

J de tause Midnatstimer
Lyt! — Tit Hjertes Dør!
Hvor det banker, banker, banker,
Uafbrudt, — o, hør!
Sig ej: "Blot min Puls, som banker,"
Paa dit Hjerte, mind
Jesus banker stærk og siger:
"Rejs dig! luk mig ind!"

2. Dødens Fod nu stærk hid iler
Slottet, Hytten, nær;
Tænk ej: Døden ej vil banke
Naar lukt Døren er.

Jesus venter, venter, venter,
　　Døren holdes til;
Naar uhørt, han sorgfuld bortgaar,
　　Død indbryde vil.

3. Er det Tid da staa og tigge:
　　Jesus luk mig ind?
Og paa Himlens Porte banke,
　　Jamre for din Synd?
Nej, besværre, arme Synder,
　　Har du glemt ham her,
Han dig aldrig da vil kjende,
　　Haabet slukket er.

---

184. Vi skal sove, dog ej evigt.

Mel. We shall sleep, but not forever. (G. H. 2—58.)

Vi skal sove, dog ej evigt,
　　Snart en herlig Dag skal gry;
Paa Opstandelsens ny Morgen
　　Mødes vi, som skabt paany.
Dem, fra Oceanets Dybder,
　　Dem, i Ørknens Sand lagt hen,
Dem fra Bjerge, Dale, Sletter,
　　Alle skal opstaa igjen.

　　Kor: Vi skal sove, dog ej evigt,
　　　　　Snart en herlig Dag skal gry;
　　　　Paa Opstandelsens ny Morgen
　　　　　Mødes vi, som skabt paany.

2. Naar vi se en Blomst, skjøn, herlig,
   Som vi vogted' omhusfuld,
Reven bort, — hvor Hjertet blødte,
   Da den blev nedlagt i Muld.
Ved den lille Grav vi dvæle,
   Til vi Solen se nedgaa,
Føle, som alt Haab var borte
   Med vor Blomst, vi elsket saa.

3. Vi skal sove, men ej evigt,
   I den tause, stille Grav!
Priset være Gud, som tager,
   Priset være Gud, som gav.
Til hin skjønne Stad histoppe
   Døden aldrig vinder frem;
I sin egen Tid Gud kalder
   Os fra Hvilen til vort Hjem.

185. Vægter, sig mig.

Mel. Watchman tell me, does the morning.
(G. H. 2—81.)

Vægter, sig mig: Zions Morgen
   Vil den snart nu bryde frem?
Har dens Kommes Tegn ej skinnet
   Endnu paa min Vej did hjem?
Pil'grim, ja, staa op, sku rundt dig,
   Lyset dæmrer nu i Sky,
Bortkast Vantro, som dig hindrer
   Morgen gryr, staa op paany.

2. Sku, hvor herligt nu nedstige,
   Jubelaarets Lys du ser!
Hør, hvor Stemmer højt forkynde:
   Kristi Rige nu er nær!
Vægter, ja, jeg ser hist borte
   Kanaans skjønne Bjerges Top;
Salems Taarne glandsfuld stige
   I det klare Sollys op.

3. Pilgrim! paa sin gyldne Trone,
   I sin Glands og Herlighed,
Zions Konge, klædt i Skjønhed,
   Hist regjerer i sin Fred.
Se, paa hine Bjerge lege
   Solens Straaler med Behag.
Klare Strømme, Krystal=Kilder
   Glimre i en evig Dag.

4. Pilgrim, se hvor Lyset straaler,
   Stedse klarer' paa din Vej;
Tegn igjennem Verden tindre,
   At din Dag nu tøver ej.
Naar Basunens stærke Stemme
   Lyder til det store Kald,
Hellige, forklared', herlig',
   Klædt i Lys da mødes skal.

186. Giv Troen Vinger.

Mel. Give me the wings of faith to rise. (G. H. 2—60.)

Giv Troen Vinger, at den op
Kan svinge sig, og ser
Hvor Frelstes Fryd og Herlighed
I Himlen stor dog er.

Kor: Mange Venner der er ventende idag,
Glade paa den gyldne Strand.
Mange kjære Stemmer kalde os nu did,
At staa i Ærens Stand;
Kalde os nu did, Kalde os nu did,
Kalde til et bedre Land.

2. Forhen de sørgede, som vi,
Og Taarer randt paa Kind;
De kæmped' haardt, som vi nu maa,
Mod Frygt og Tvivl og Synd.

3. Jeg spørger dem, hvor Sejr de fik,
De svare: ved Guds Lam;
Med Skrig og Taarer kæmped' han
Og vandt, de vandt i ham.

---

187. Beskuelsens Land.

Mel. My latest sun is sinking fast. (G. H. 2—61.)

Min sidste Sol nu synker stærk,
Mit Løb er snart fuldendt,
De største Prøver er forbi,
Min Strid til Sejr er vendt.

Kor: O, kom, Englehær,
Kom, staa nu rundt mig her,
:,: Paa snehvide Vinger mig snart bort=
bær
Til Hjemmet hist, saa kjær. :,:

2. Jeg nærmer mig hin Skare stor,
Af Slægt og Venner kjær;
Mig væder Jordans Bredders Dug,
Min Overgang er nær.

3. Jeg næsten Hjemmet nu har naaet,
Min Aand, syng højt af Fryd!
De Hellige, de komme, hør!
Jeg mærker Vingers Lyd.

4. Mit længselsfulde Hjerte bær
Til Vennen, død for mig,
Hvis Blod nu renser fra al Synd
Og giver Sejr med sig.

---

188. Rum for dig.

Mel. Thou didst leave thy throne. (G. H. 2—62.)

Du din Kongemagt
Villig har nedlagt,
For at komme herned for mig.
Du i Betlehem
Ikke fandt et Hjem,
Der var ej noget Rum for dig.

Kor: O, kom til mig, Herre Jesus,
I mit Hjerte er Rum for dig.
O, kom til mig, Herre Jesus, kom,
I mit Hjerte er Rum for dig.

2. Himlen gav Gjenklang
Af den Englesang,
Som gjenlød, da de født dig saa,
Da i Ringhed stor
Du kom ned til Jord,
Og dig selv her fornedret saa.

3. Fuglen kan med Ro
I sin Rede bo,
Faar i Skyggen af Cedren Ly;
Fremmed Stald dog blot
Var dit Kongeslot,
Hist i Jødelands ringe By.

4. Du kom her til Jord
Med dit Livets Ord,
At frigjøre dit Folk, men da
Du som Løn blev blot
Bragt med Haan og Spot
Tornekronet til Golgatha.

5. Jeg i Støvet her
Dig min Pris frembær
For den Sejr, som du vandt for mig.
Du vil kalde: "kom,
I mit Hjem er Rum,
Ved min Side er Plads for dig."

189. Hjemme vel.

Mel. "Home at last", on heavenly mountains.
(G. H. 2—98.)

"Hjemme nu!" — paa Zions Bjerge,
  Hørt det: "Gaa til Hvilen ind!"
Frelst ved Livets Krystalkilde,
  Frelst fra hver en Plet og Synd.

Kor: Hjem, saa søb, mit Hjem for evigt;
     Rejsen endt for trætte Sjæl.
    "Vær velkommen hjem," der sagdes;
     "Frelst ved Jesus — Hjemme vel."

2. Fri for Fristelsernes Snarer,
  Ikke vaage ængst'lig mer,
Frydet ved fuldkommen Frelse,
  Bære Sejrens Krone der.

3. Frelst i Herlighed at møde
  Elskte Kjære, vi har mist';
Frelst at bringe Jesus Ære,
  Synge Jubelsange hist.

4. Glad, vel mødt ved Perleporten,
  Stedje en velkommen Gjæst
Til det evige Livs Glæder
  I mit Hjem af alle bedst.

190. **Mit Livs Fejltrin.**

Mel. The mistakes of my life have been many.
(G. H. 2—64.)

I mit Liv vare Fejltrin mange,
Hjertets Synder var' fler', dog tør,
— Om jeg neppe kan se for Taarer, —
Jeg end banke paa Naadens Dør.

Kor: Jeg ved jeg er svag og syndig,
Jeg ser det nu mer end før,
Men Jesus mig byder: "Kom ind!" —
og jeg vil
Gaa ind af den aabne Dør.

2. Jeg er ringest af dem, ham elske,
Svagest' Barn, som han antog sig,
Men jeg kommer, som han mig byder,
Han vil ikke bortvise mig.

3. Mine Fejltrin hans Naade dækker,
Han astor i sit Blod min Synd.
Og de Fodder, som Skræk gjor bæve,
Vandre dog gjennem Porten ind.

4. Mine Fejltrin de ere mange
Og min Aand er af dem hel syg,
Saa jeg neppe kan se for Taarer,
Men min Frelser indlukker mig.

191. Kom, Alt er beredt.

Mel. Come, for the feast is spread. (G. H. 2—68.)

Kom, tilredt Fest er her,
    Lyd Kaldet nu.
Livsbrødet brudt nu er,
    Del har og du.
Kom, til Vinhuset il,
Lavt, ved hans Bryst dig hvil,
Alt hans er dit, — o, il!
    Kom, Synder kom!

2. Kom, hvor Livskilden, se,
    Flyder saa blid,
Lægende al din Ve,
    Tvivlen og Strid.
Alle fik Overflod,
Ingen der bortvist stod,
Som til hin Purpurflod
    Kom, — Synder kom!

3. Kom, du kan Naade faa,
    Dristig kom nær;
Hvo Sejrens Løn vil naa
    Bør tøve her.
Hvad end der fattes dig,
Jesus er naaderig,
Han vil forsvare dig;
    Kom, Kristen kom!

4. Kom til hint bedre Land,
    Jorden er mørk,
Den blot er fremmed Strand,
    Øde som Ørk.
Hist du Guldharpen naar,
Fryd, som ej Ende faar,
Hver og der kronet staar.
    Kom, Pilgrim kom!

5. Jesus, du har os kaldt,
    O, tag os ind!
Frigjør vor Aand fra Alt,
    Rens os fra Synd.
Da hist i Lysets Land,
Hvidklædt, i Kongestand,
Vi uden Træthed kan
    Bringe dig Pris.

---

192. **En Alvorstanke.**

Mel. One sweetly solemn thought. (G. H. 2—66.)

En Alvorstanke blid
 I Aanden tidt jeg hør',
Jeg nærmer' er mit Hjem idag
 End nogensinde før.

Kor: Nærmer' mit Hjem, nærmer' mit Hjem,
 Nærmer' mit Hjem idag, idag,
 End nogensinde før.

2. Min Faders Slot, med de
    Utallig' Boliger,
Hans høje Trones Glands, idag
    Jeg meget nærmer' er.

3. Livsrigets Grændseskjel,
    Hvor Kors og Byrde tør
Med Kroner byttes bort, idag
    Jeg nærmer' er end før.

4. Vær nær mig, naar min Fod
    Nedglider Flodens Bred,
Maaske jeg nærmer' er idag
    Mit Hjem, end jeg selv ved.

---

193.   **Tilflugt.**

Mel. Jesus, lover of my soul. (G. H. 2—69.)

Jesus, Sjælens Elsker, kjær,
    Ængst'ligt Hjertet flyr til dig,
Mens Orkanen raser her,
    Oprørt Hav vil sluge mig;
Skjul mig, Frelser, indtil vel
    Livets Storme gaa forbi,
Sikker bring til Havn min Sjæl,
    Der jeg for al Skræk er fri.

2. Anden Tilflugt ved jeg ej,
    Hjælpløs Sjælen klynger sig

Til dig fast, o, slip mig ej!
    Understøt og trøst du mig!
Tillid har jeg til dig blot,
    Al min Hjælp du ene er;
Skjul mig, Forsvarsløse, godt
    Med din Vinges Skygge her.

3. Hjælp du Alle, og hjælp mig;
    Faldne rejs, hvert ængst'ligt Sind
Kraftigen opliv nær dig.
    Læg de Syge, led hver Blind.
Du retfærdig, hellig er,
    Jeg er slet og syndefuld,
Uren staar jeg skamfuld her,
    Du er naadig, tro og huld.

4. Naadens Fylde er i dig
    Til at skjule Synd og Men;
I Livskilden sænk du mig,
    Rens mig, hold mig hvid og ren.
Du, som selv Livskilden er,
    Fyld mit Hjerte helt med dig,
Saa det ret opvælder her. (Joh. 4, 14.)
    Til et evigt Liv i mig.

---

194.   Hvad vil du gjøre?

Mel. Oh, what are you going to do? (G. H. 2—70.)

Sig, hvad du tænker gjøre nu, Broder;
Sig, hvad vil du her dette Sted?

Er der nogen nyttig Gjerning?
  Men hvad er dit Øjemed?
Hid fra Barndommens Hjem ankommen,
  Og just i din Ungdoms Vaar;
Har Vandet du smagt, hver Tørstig
  Ved Sandhedens Kilde faar.

Kor: Har dit Hjerte i Jesus Hvile?
        Mind dig, han død for dig er;
        Sig, hvad du tænker gjøre nu, Broder,
        Sig hvad du tænker gjøre nu!.

2. Sig, hvad du tænker gjøre nu, Broder,
    Da Ungdommens Morgen bortgaar,
Og Manddommens Kraft og Styrke,
    Min Broder, du alt nu faar.
Du forbedrer din verdslig' Stilling,
    Har Grund til din Fremgang lagt,
En Pligt nu til dem, som fattes,
    Din Virksomhed har frembragt.

Kor: Vis Hjertet nu er taknemlig,
        Udret nu Guds Gjerning glad;
        Sig, hvad du tænker gjøre nu, Broder,
        Sig, hvad du tænker gjøre nu!

3. Sig, hvad du tænker gjøre nu, Broder,
    Du staar i din Middagstid;
For dig skinner Solen herlig,
    Din Himmel er skjøn og blid.

Har du faaet her en saadan Stilling,
   At du nu kan gjøre Gavn,
Er du villig at give Æren
   Og Prisen til Frelserens Navn?

Kor: Saa Mangen, som er i Mørke,
       Sin Bøn, om din Hjælp frembær,
       Sig, hvad du tænker gjøre nu, Broder,
       Sig, hvad du tænker gjøre nu!

4. Sig, hvad du tænker gjøre nu, Broder,
   Da Mørkningen nærmer sig?
Allerede dit Haar er graanet,
   Og Vint'ren har naaet til dig.
Din Tid, og dit Pund, du ejer,
   Til Jesus din Herre giv,
Og se om nu dem omkring dig
   Forbedret blev ved dit Liv.

Kor: Du dig nærmer til Jordans Vande,
       Og dog har du Arbejd' end;
       Sig, hvad du tænker gjøre nu, Broder,
       Sig, hvad du tænker gjøre nu!

---

195.   Er du træt?

Mel. Art thou weary, art thou languid? (G. H. 2—71.)

Ak, mit Hjerte er bebyrdet,
   Træt, ulykkelig!
Jesus siger: "her er Hvile,
   Kom til mig!" — Amen!

2. Har han Mærker, saa jeg kjender
   Ham som Leder her?
   "I hans Haand og Fod og Side
   Mærker er." — Amen!

3. Bærer han en Kongekrone,
   Jesus, Herren kjær?
   "Ja, en Krone vist, men se, den
   Torne er." — Amen!

4. Naar jeg finder ham og følger,
   Hvad skal jeg opnaa?
   "Mange Sorger, Strid og Taarer
   Skal du faa." — Amen!

5. Om jeg trolig bliver nær ham,
   Hvad faar jeg tilsidst?
   "Over Sorg og Strid og Døden,
   Sejren vist." — Amen!

6. Beder jeg ham mig modtage,
   Vil han sige: Nej?
   "Nej; — forgaar end Jord og Himmel,
   Det sker ej!" — Amen!

196. **Velsignelsesdalen.**
(2 Krøn. 20, 26.)

Mel. I have entered the valley of blessing. G. H. 2—72.

Jeg nu gaar i Velsignelsesdalen, saa kjær,
Med Jesus jeg vandrer saa trygt,

Og hans Aand, og hans Blod, nu helt
renser mig her,
Hans Kjærlighed bortdrev al Frygt.

Kor: O, kom til Velsignelsesdalen, saa søb,
Hvor Jesus sin Fylde gav hver,
Og nu tro og modtag og bekjend ham,
At hver kan hans Frelse faa kjær.

2. Der er Fred her i Dalen saa liflig og
kjær,
Og alt overflødigt og vel;
Og for Vandrerer trætte, søb Hvile her er,
Og Fred for hver sorrigfuld Sjæl.

3. Der er Kjærlighed her, o, saa søb og saa
ren,
Blodrenste den søle og fandt;
Himmelhilsningen fylder med Fryd Hver og
En,
Beseglet, med Aanden til Pant.

4. Der er Sang her i Dalen, saa yndig og
kjær,
Og søb, som paa Englenes Vis,
Naar Henrykkelsens Tak vi i Støvet frem=
bær,
Med: "Lammet al Ære og Pris!"

197. Kom, du Trøstløse.

Mel. Come, ye disconsolate. (G H. 2—85.)

Kom du trøstløse Sjæl, afmægtigt Hjerte,
Ved Naadestolen nu knæl ydmyg her,
Tit saared' Hjerte bring, fortæl din Smerte,
Mod Jordlivs Sorger Gud En Læge er.

2. For de Vildfarende Lys nu opstiger,
For Angergivne Haab og Fryd er nær;
Her taler Trøsteren, og ømt han siger:
Mod Jordlivs Sorger Gud En Læge er.

3. Se, her er Livets Brød; Vandstrømme
　　　　　　　　　　　　　　flyde
Ned fra Guds Trone nu; din Hjælp er her;
Modtag Guds Kjærlighed, du maa den nyde;
Mod Jordlivs Sorger, Gud En Læge er.

---

198. Staa op og skin.

Mel. Lift up, lift up thy voice with singing.
(G. H. 2—74.)

Løft op, løft op din Røst at klinge,
　O, Land, med Kraft opløft din Røst!
Se, Jordens Riger Skatte bringe
　Hen til din Port; — o, hav nu Trøst!

Kor: Staa op og skin i evig Ungdom,
       Dit Lys, din Konge snart fremgaar;
       Bag Tidens Pragtdørs Skjul frembryder
       Ny Dagslys klar,— de Tusind' Aar.

2. Skal Strid Guds Hjord her sønderrive?
Skal Tvedragt, Splid og Men'skers Bud?
Da Herren selv, som Fred vil give,
For Døren staar, at faa sin Brud?

3. Bring Offret frem med Jubeltoner;
Een, tornekron't, sit Ord frembær,
Som Sværdet slaar det Nationer,
Det Kongers Konge, Kristus er.

4. Han kommer! — Under uden Lige!
Fra Smertens Sti han gik paa Jord,
Fremstraaler for hans Kongerige,
Det Livets Lys, Guds eget Ord.

---

199. **Mødes vi?**

Mel. Shall we meet beyond the river? (G. H. 2—75.

Mødes vi hist bagved Floden,
  Hvor ej Bølger rulle mer?
Hvor betynget Hjertes Byrder
  Evigt helt borttagne er?

Kor: Mødes vi? mødes vi?
:,: Mødes vi hist bagved Floden, :,:
Hvor ej Bølger rulle mer?

2. Mødes vi i Himmelhavnen?
Stormfuld Rejse overstaaet,
Ankret kastes ved den skjønne,
Lyse Kyst, vi da har naaet.

3. Mødes vi i Himmelstaden?
Se dens Taarnes Perleglands,
Mure af krystalklar Jaspis, —
Alt indtager Sind og Sands.

4. Mødes vi hist hos vor Frelser?
Kaldt af ham derhjem i Fred.
Med hans Yndest, glad vi sidde
Hos ham paa hans Trone ned.

200. Det er vel med min Sjæl.

Mel. When peace, like a river. (G. H. 2—76.)

Naar Fred, lig en Flodstrøm, ledsager mig her,
Er Sorgbølgers Rullen min Del,
Hvad end er min Lod, han dog stedse mig lær':
Det er vel, det er vel med min Sjæl.

Kor: Det er vel med min Sjæl,
Det er vel, det er vel med min Sjæl.

2. Vil Satan mig slaa, har jeg Prøver
dertil,
Det Løfte husvaler mig vel,
At Jesus forsvare mig Hjælpløse, vil;
Han har udøst sit Blod for min Sjæl.

3. Min Synd, — o, velsignede Tanke saa
kjær! —
Al Synd, — tænk! — og ej blot en Del,
Er naglet til Korset, jeg bær' den ej mer;
Pris dog Herren! Pris Herren, min Sjæl!

4. Gud! hast med bin Dag, da min Tro
bliver Syn,
Og, Skyhimlen bortrullet hel',
Din Herlighed blænder, som klareste Lyn.
"Amen, ja!" det er vel med min Sjæl!

---

201. **Jesus kan frelse.**

Mel. All glory to Jesus be given. (G. H. 2—77.)

Al Ære til Jesus, at Liv
Og Frelse er fri til enhver,
Med Renselse, Naade og Fred,
Og Frelsen for mig ogsaa er!

Kor: Ja, Jesus at frelse har Magt,
Og Hver kan hans Frelse nu se.
Til hans Bryst gaar jeg hen,
Og hans Blod gjør mig ren,
Ja, hans Blod tor mig hvid're end Sne.

2. Fra Mørke og Synder og Skræk,
Til Kjærlighedslyset, saa klar,
Jeg bragtes, til Arving er gjort
Af Riget og Alt hvad han har.

3. Uendelig' Naadernes Dyb,
Henrivende Kjærligheds Lyst!
Min Sjæl al hans Fylde begjær,
Og hvile sig sødt ved hans Bryst.

4. I ham al min Mangel er mødt,
Hans Kjærligheds Himmel er her,
Han frit her anvender sit Blod
I hvilket blot Renselse er.

202. Hvor skal jeg gaa?

Mel. Oh, what shall I do to be saved? (C. H. 2—78.)

O, hvor skal jeg gaa hen for Hjælp,
Fra den Sorgernes Flod her mig naar?
Som Havsbølger oprørt,
Af Stormvinden fremført,
Skrækkens Vandflod helt over mig gaar.
Hvor skal jeg gaa, hvor skal jeg gaa?
O, hvor skal jeg gaa hen for Hjælp?

2. O, hvor skal jeg gaa hen for Hjælp,
Bortflyr Glædernes Solskin Gud gav?
   Naar de Kjære mig nær,
   Fra mig borttagne er,
Jeg forladt staar der nær deres Grav;
   Hvor skal jeg gaa, hvor skal jeg gaa?
O, hvor skal jeg gaa hen for Hjælp?

3. O, hvor skal jeg gaa hen for Hjælp,
Naar haard Sygdom min Styrke nedslaar?
   Naar snart Verden vil fly
   Som en ilende Sky
Og jeg ser Evigheden fremgaar,
   Hvor skal jeg gaa, hvor skal jeg gaa?
O, hvor skal jeg gaa hen for Hjælp?

4. O, Gud, sku i Naade til mig!
Kom, o, kom og tal Fred til min Sjæl!
   Jeg til dig blot gaar hen,
   Du kan læge igjen
Det haardt saarede Hjerte saa vel!
   Derhen jeg gaar, derhen jeg gaar,
Til Jesus jeg gaar og faar Hjælp.

203.   O, Evighed.

Mel. Oh, the clanging bells of time. (G. H. 2—79.)

Tidens Klokker stedse gaa,
   Uafbrudt det varer ved;
De os trætte med at slaa,
   Thi de bringe os ej Fred.

Øjet spejder, mon det ser,
 Hjertet lytter, mon det ved,
At din Strand de komme nær?
 O, Evighed, o, Evighed!

2. Tidens Klokker stedse gaa,
 Glemt tidt at de ile frem;
Dog en Røst, som Torden maa
 Lyde skarp igjennem dem
Til hvert Hjerte her paa Jord,
 Og dens Gjenlyd varer ved;
Den blot taler skarp et Ord:
 O, Evighed, o, Evighed!

3. Tidens Klokker stedse gaa,
 Hvis vi blot dem høre vil;
Deres Lyd vi følge maa,
 Mens vi vandre fra og til.
Længselsfuldt vi tidt har hørt
 Om det Liv, som varer ved,
Os din Aande har berørt,
 O, Evighed, o, Evighed!

4. Tidens Klokker stedse gaa,
 Snart dog standser deres Lyd;
Deres Taushed vi forstaa
 Hist i Evighedens Fryd,
Naar der Sjælen i sit Hjem
 Slukket har sin Tørst og ved,
At din Dag ret er brudt frem,
 O, Evighed, o, Evighed!

204. **Snart og vel.**

Mel. There's a land that is fairer than day. G. H. 2—80.

Hvilket Land, ret som Lyset saa klart,
Nu ved Tro'n i det Fjerne jeg ser,
Hvor vor Fader forventer os snart,
Og beredte os Boliger der.

Kor: :,: O, hvor søbt, snart og vel,
       Vi med Fryd naa det salige Land. :,:

2. I det salige, herlige Land
Skal vi synge den himmelske Sang;
Ingen Sorg finder Vej til dets Strand,
Ej et Suk der skal høres engang.

3. Og vor himmelske Fader vi nu
Ville prise med Hjerte og Sjæl,
Som saa naadigen kom os ihu
Og med Ømhed os ledte saa vel.

---

205. **Omvend dig.**

Mel. Oh, turn ye, oh, turn ye, for why will ye die?
(G. H. 2—82.)

Omvend dig, omvend dig, hvorfor vil du,
                                    Sjæl,
Dog dø, da Gud naadig end søger dit
                                    Vel?

Dig Jesus indbyder, Guds Aand siger: kom!
Og Engle dig vente, — kom hjem! — der er Rum!

2. Hvor daarligt at tænke: Jeg venter end lidt,
Til Hjertet forbedres, jeg mere har stridt.
Kom, ussel, elendig, og just som du er,
Helt hjælpløs og døende, — Jesus er nær.

3. Hver sønderbrudt Hjerte maa modtage frit;
Tro Budskabet, — glæd dig, thi Alting er bit.
Er Synden din Byrde, kom dristig da frem,
Han byder dig velkommen, siger: kom hjem!

---

206. Kors og Krone.

Mel. Must Jesus bear the cross alone? (G. H. 2—83.)

Skal Jesus bære Korset selv,
  Og Verden fri skal gaa?
Nej, der er Kors for Een og Hver
  Jeg skal og et her faa.

2. Det kjære Kors jeg bære vil
  Til Døden fri'r mig ud;
Da glad gaa hjem og bære der
  Min Krone skjøn hos Gud.

3. For Jesu gjennemstungne Fod
    Jeg der skal falde ned;
Min Krone lægge ned for ham,
    Fyldt af hans Kjærlighed.

4. O, kjære Kors, o, Krone skjøn!
    O, Hvile, jeg skal faa!
I Engle kommer, bær mig hjem,
    Hvor jeg min Skat skal naa.

---

207.   **Der et Lys er i Dalen.**
(Ps. 23, 4.)

Mel. Through the valley of the shadow. (G. H. 2—91.)

Gjennem Dalen, fuld af Skygger, jeg maa gaa,
Jordans Bølger koldt rulle frem;
Men min Hyrde har mig lovet, han vil gaa
Med mig her, som min Stav, til mit Hjem.
Ogsaa nu, jeg i Dalen nedad gaar,
Jeg kan høre Jesu Røst: "Følg blot mig!"
Og med ham jeg har ej Frygt, jeg Landet naar,
Der et Lys er i Dalen for mig.

Kor: Der et Lys er i Dalen, der et Lys er i Dalen,
Der et Lys er i Dalen for mig;
Og jeg Ondt ej frygter her, Thi min Hyrde er mig nær,
Der et Lys er i Dalen for mig.

2. Jeg Dødsflodens Bølger hører bryde sig,
Haardt mod Strand lyder høje Brag;
Men her Kjærlighedens Lys skal sikker mig
Lede over, skjøndt Skibet er svag'.
Her i Dalen mig møder ingen Harm,
Thi min Frelsers kjære Smil styrker mig,
Han mig bærer i sin Naades stærke Arm,
Der et Lys er i Dalen for mig.

---

208. **Kongens Slot.**

Mel. 'Tis a goodly, pleasant land. (G. H. 2—93.)

Hvilket godt, behag'ligt Land
  vi her gjennemvandre skal,
Guds Velsignelser nedfalde
  som Dugdraaber uden Tal;
Men dets Solskin og dets Skjønhed
  fryder Hjertet ej; det blot
Er den Herlighed os venter
  i vor store Konges Slot.
Her i dette Land vi kun
  Fremmede og Gjæster er;
Men et bedre Land vi søge,
  og vi længes være der,
Og istemme Frelsens Lovsang,
  for Guds Naade og alt Godt,
Med hver Fuldendt, hver Renhjertet
  i vor store Konges Slot.

Kor: O, vor store Konges Slot
        skjønt, og som Krystal saa klart,
      Hvor vor Fader i sin Naade
        samler alle Frelste snart.
      Hvor hver Sorg og hver en Prøve
        haster som en Drøm afsted,
      Og vi skulle evig leve
        hvor vor Sol gaar aldrig ned.

2. Se, vor Frelser Kongen er;
    hvilket Offer bragte han,
  Da han med sit Blod os kjøbte
    Fra vor Syndetrældoms Stand.
  Nu hans Kors kun er vor Ære,
    vi til det os klynge blot
  Til vi naa de aabne Porte
    paa vor store Konges Slot.
  Snart og vel vi ham skal se;
    højt hans Navn nu priset vær,
  Ved hans Pagtes Blod alene
    evigt Liv vor Del nu er.
  Vore Kroner vi nedlægge
    for ham, prise for alt Godt,
  Naar vi sejrende indtræde
    Paa vor store Konges Slot.

209. Arken.

Mel. They dreamt not of danger, those sinners.
(G. H. 2—94.)

De tænkte ej, Synderne, Faren var nær,
  Da Noah formanede tro;

Forhærdet var Hjertet ved Syndlysters Hær,
   Advarslen til Spot blot de lo.
Dog daglig han kaldte: o, Syndere, kom!
   Tro Ordet, fly fra dette Sted!
Modtager Indbydelsen; vid der er Rum
   For Alle i Arken bered'!

Kor: O kom! kom! o, kom!
   Kun Tilflugt der er i Guds Ark;
   Modtager Indbydelsen, vid der er Rum
   For hver, som vil fly til Guds Ark.

2. Han fik dem ej vakt, ligegyldig' de stod,
   Urørt af hans Advarsels Raab.
Profeten gik ind fra den kommende Flod,
   Fortvivlelse greb dem fra Haab.
Afgrunden opbrast, dem en Syndflod har
                                    naaet,
   I Mørket de gruende staa,
Forsildig det kjendtes, Fodfæstet var gaaet,
   Fortabt alt, skjøndt Arken de saa.

3. Mærk! Naadens Forkyndere end raabe
                                    kan
   Som hin Patriark: "Synder, kom!"
Se, Guds Frelsens Ark er nu lagt nær din
                                    Strand,
   Gaa ind dog imens der er Rum!

Retfærdigheds Stormsky'r med Vrede opgaa;
De gribe dig! — Føl deres Kraft!
O, ve! skal der om din fortabte Sjæl staa:
"Han hørte, — foragtet' — er
tabt!"

---

210. Vaage og vente for mig.
(2 Sam. 12, 23.)

Mel. When my final farewell to the world. G. H. 2—95.

Naar mit sidste Farvel jeg til Verden har
sagt,
Og Hvilen til mig sødt nedsteg;
Naar Vaagerne stille har sagt: "Han er
død,"
Og lægge mig hen, kold og bleg;
Naar for mit forklarede Blik da tilsidst,
Den gyldne Stads Mur viser sig,
:,: Vil Nogen vel hist, ved hin Perleport
skjøn,
Da vaage og vente for mig?! :,:
Da vaage og vente,
Da vaage og vente for mig?!

2. Der er sørgende Smaa paa min Vej, jeg
her gaar,
Som har ej Vejleder, ej Ven,
Og kjære smaa Øjne til mine se op,
Hvis Taarer kan tørres igjen;

Men Jesus maa kalde Smaabørn bort i Hast
  Fra Sorg og fra Smil hjem til sig;
:,: Vil nogen af dem, ved hin Perleport
                                    skjøn,
  Da vaage og vente for mig?! :,:
    Da vaage og vente etc.

3. Der er' Gamle, Forladte, som længsels=
                                    fuld gaa
  I Hjem, som de Kjære forlod,
Og venlige Ord og en Kjærligheds Hjælp
  Opliver det nedsunkne Mod;
Men Jesus snart tager den modnede Sæd,
  Og kalder de Trætte til sig;
:,: Vil nogen af dem ved hin Perleport skjøn,
  Da vaage og vente for mig?! :,:
    Da vaage og vente etc.

4. O, skal jeg komme der, ved hans Naade,
                                    saa stor,
  Som kjærlig tilgav naar jeg faldt,
Og ikke her hjælpe de Trætte jeg fandt,
  Blot søge mit Eget i Alt?!
Med Sorg Efterladenheds=Synden jeg
                                    saa, —
  Om Sorgen kan der vise sig, —
: : Hvis Kjære ej glad ved hin Perleport
                                    skjøn
  Da vaage og vente for mig! :,:
    Da vaage og vente etc.

211. **Dit Rige elsker jeg.**

Mel. I love thy kingdom, Lord. S. M. (G. H. 2—107.)

Dit Rige elsker jeg,
 Dit Hus, hvori du bo'r,
Din Menighed, o, Jesus, du
 I dit Blod daglig to'r.

2. Dens Mure for dig er,
 Den er, i Naadens Baand,
Kjær for dig, som din Ojesten,
 Og tegnet i din Haand.

3. For den min Taares Dug
 Og mit Bønoffer er,
Min Omhu og mit Arbejd' skal
 Den stedse gives her.

4. Jeg skatter over Alt
 Dens Vejes Yndighed,
Dens Løfter, Lovsangs Pris og Bøn
 Dens Samfunds Kjærlighed.

5. Vist, som Guds Sandhed er,
 Til Zion gives skal
Stor Herlighed alt her paa Jord,
 Dog størst i Himlens Sal.

212. Mens Livets Lys end straaler klart.

Mel. While life prolongs its precious light. L. M.
(G. H. 2—108.)

Mens Livets Lys end straaler klart,
Kan Fred og Naade faas hos Gud,
Men Skrækkens Nat, som kommer snart,
Alt Haab om Himlen sletter ud.

2. Se, Gud indbyder ved sit Ord,
Hvor sødt og kjært at lytte til,
Kom, Syndre, hast fra Synden bort
Mens han endnu tilgive vil.

3. Paa Tidens Vinge ilet hid,
Se Døden kommer, træder nær,
Du for Guds Domstol staar, og vid
Da ingen Frelse findes mer.

4. Hist i Fortvivlelsernes Land
Forladelse ej mer du faar,
Din angstfuld' Bøn ej høres kan,
Din Frelser der fra dig bortgaar.

5. Nu Gud indbyder, mild og kjær,
Hvor godt et Budskab! lyt dog til!
Kom, Syndre, haster til ham her,
Mens han endnu tilgive vil.

213. **O, store Naade.**

Mel. Amazing grace, how sweet. C. M. (G. H. 2—102.)

O, store Naade! — søde Lyd, —
Som har mig Usle frelst.
Jeg funden blev; o, hvilken Fryd!
Jeg dvæler derved helst.

2. Den lærte Hjertet frygte først
Og siden gav det Ro;
Den viste sig dog allerstørst
Den Stund, jeg kunde tro.

3. Jeg har havt Farer, Snarer, Strid,
Men sikker gjennem dem
Har Naaden led't mig trolig hid,
Og lede vil mig hjem.

4. Vansmægter Kjødet og tilsidst
I Graven lægges ned,
Jeg bag Forhænget faar dog vist
Et Liv af Fryd og Fred.

---

214. **Il, o, Synder, Visdom agt!**

Mel. Hasten, sinner, to be wise! (G. H. 2—106.)

Il, o Synder! Visdom agt!
— Vent for Morgendag ej her, —
Mødes den nu med Foragt,
Tung at naa den siden er.

2. Il, og Naaden nu modtag!
— Vent for Morgendag ej her, —
Mulig sluttes Naadens Dag,
   Før du næste Aften ser.

3. Il, omvend dig nu til Gud!
— Vent for Morgendag ej her, —
At din Lampe ej gaar ud,
   Før din Frelse fuldført er.

4. Il, Velsignelsen at faa!
— Vent for Morgendag ej her, —
At ej Vreden skal dig naa,
   Før du Morgendagen ser.

---

215. Tro er en Livskraft.

Mel. Faith is a living power from heaven. L. M.
(G. H. 2—84.)

Tro er en Livskraft faa't og kjendt,
Som fatter Løftet, Gud har sendt,
Paa Kristus ene hviler fast,
Har Haab, som bliver ej nedkast'.

2. Tro fandt i Kristus saadan Ven,
Som nærer, styrker, leder den;
Stærk i hans Naade Korset bær,
I Haabet salig her alt er.

3. Tro gi'r Samvittigheden Fred,
Sorg, Suk og Angst den dæmper ned.
Ved Tro vi Børneretten faa,
Og dristig til vor Fader gaa.

4. Gud, styrk vor Tro, den er saa svag,
Og hør vor Bøn og os antag,
I Jesus blot, din Søn saa kjær,
Som ene Frelsens Kilde er.

---

216.   **Det Midnat er.**

Mel. 'Tis midnight; and on Olive's brow. L. M.
(G. H. 2—99.)

Det Midnat er; en Stjerne stod
   Paa Oliebjerget, — dunkel nu;
Den Smertens Mand der sveder Blod
   Og kæmper ene i sin Gru.

2. Det Midnat er; alene der
   Vor Frelser ængstes, beder; — se!
Hans Venner selv indsovet er,
   Og agte ej hans Angst og Ve.

3. Det Midnat er; for Andre skal
   Han der sig vride i sit Blod.
Dog i sin dybe Hjertekval
   Ej helt forladt af Gud han stod.

4. Det Midnat er; da stille løb
Fra Himmelbybets Sletter hid
Harmonisk Englesang saa søb,
Som Jesu Ve kan gjøre blid.

---

217.   Din Bøn frembær.

Mel. Come, my soul, thy suit prepare. (G. H. 2—119.

Kom, min Sjæl, din Bøn frembær,
Hore Bøn er Jesus kjær;
Han bød: "beb!" — og derfor ej
Til din Bøn vil sige: Nej.

2. Til en Konge kommer du,
Derfor beb om meget nu;
Thi hans Naade saaban er,
At du ej for stort begjær.

3. Med din Byrde nu begynd:
Herre, rens mig fra al Synd!
Lad dit Blod borttage her
Min Samvittigheds Besvær!

4. Herre, frels mig! tag alt Mit!
Hold mit Hjerte helt som dit!
Din blodkjøbte Ret forsvar,
At ej Fjenden Vælde har!

218.. Det herlige, skjønne Land.

Mel. There's a beautiful land on high. (G. H. 2—121.)

Se hint herlige, skjønne Land!
Jeg tidt ønsker at se dets Strand;
   Naar mig Sorger nedslaa,
   Jeg da længes did gaa,
Til det herlige, skjønne Land.

   Kor: J det herlige, skjønne Land
          Jeg snart er i Ærestand;
            Min Jesus, jeg ved,
            Har Sted mig bered'
         J det herlige, skjønne Land.

2. Se hint herlige, skjønne Land!
Snart jeg ogsaa der komme kan,
   Og med Venner jeg maa
   Haand i Haand glad der gaa
J det herlige, skjønne Land

3. Se hint herlige, skjønne Land!
Jeg ej frygter hin Dødsflods Vand',
   Thi blot Døden mig bær'
   Til det Land mig saa kjær,
Til det herlige, skjønne Land.

4. Se hint herlige, skjønne Land!
Jeg har Slægt paa dets kjære Strand,
   De mig vinke til sig,
   Og de vente paa mig,
J det herlige, skjønne Land.

5. Se hint herlige, skjønne Land!
Af dyb Sorg i min Pilgrimsstand,
 Jeg maa græde tidt her;
 Men ej Taarer er mer
J det herlige, skjønne Land.

6. Se hint herlige, skjønne Land!
Der vi aldrig mer skilles kan.
 Naar vi først komme der,
 Ingen Smerte er mer
J det herlige, skjønne Land.

---

219.   **Glædens Land.**

Mel. My days are gliding swiftly by. (G. H, 2—124.)

Min Tid hengliber hurtig her;
 Skjøndt Timer tunge vare,
Jeg ej tilbage ønsker den,
 Den Tid af Sorg og Fare.

Kor: Vi staa her ved Jordanens Bred,
  Og Venner over ile;
 Vi for os kan Det Glædens Land
  Se, som imod os smile.

2. Vi redegjøre os, da vi
 Vort Hjem hist se og kjende;
Vor Herre har os sendt sit Ord.
 Hver Lampe klart lad brænde.

3. Skal Tiden blive kold og mørk,
 Vi synge ej aflade;
Hin skjønne Ro os venter hist,
 Gjør os for evigt glade.

4. Lad Jordens Storme rase stærk,
 Hver jordisk Baand opløse,
Af Glædens Kilde hisset vi
 For evigt skulle øse.

---

220. Ved Strandbredden.

Mel. We are waiting by the river. (G. H. 2—127.)

Ventende vi staa ved Floden,
 Spejdende mod Jordans Strand,
Om ej Færgemanden kommer,
 Fører os til Lysets Land.

2. Om end Taager Floden skjuler
 Og dens Bølger skyhøjt gaa,
Dog igjennem Mulm og Mørke
 Englesange til os naa.

3. Himmelstaden nu mit Øje
 Skimter svagt paa Hjemmets Strand,
Hvor dens Mur og Perleporte
 Spejle sig i Jordans Vand.

4. Mange Kjære fra vor Side
    Ere rejste til det Land;
Vi skal møde dem hos Jesus,
    Ja, vi ses paa Hjemmets Strand.

5. Gjennem Floden, mørk og dunkel,
    Og dens kolde Bølger, — o,
Naa vi Staden, lys og herlig,
    Og vi der skal evigt bo.

---

221.   Ak, salige Stund.

Mel. Rejoice and be glad, The Redeemer. No. 24.
(G. H. 2—128.)

Min Gud, hvilken Stund, Da jeg fandt denne Grund,
Hvor Naaden og Livet nu er' i Forbund.

  Kor: Halleluja! din er Æren!
     Halleluja! Amen!
     Halleluja! din er Æren!
     Opliv os igjen!

2. Jeg fandt i hans Blod, Der som Borgen hist stod
Paa Golgatha, Tilflugt og Sikkerhed god.

3. Paa Korset han bar Der min Dødsdom saa svar,
Nu Borgen og Synd'ren er' frie og klar.

4. Og skjøndt jeg er her Tidt i Sorg og Be=
svær,
Jeg ved, at min Plads nu hos Jesus hist er.

5. Jeg ved klart, at han Hist i Glæden ej kan
Her lade mig ene i Sorgernes Land.

222. Hellig, hellig, Herre Gud, almægtig.

Mel. Holy, holy, holy, Lord God Allmighty.
(G. H. 3—1.)

Hellig, hellig, hellig! Herre Gud, al=
mægtig!
Tidlig i vor Morgenstund vor Sang vi dig
frembær'.
Hellig, hellig, hellig, naadig, kjærlig, mægtig,
Treenig Gud, vi højt dig prise her! Amen!

2. Hellig, hellig, hellig, Alt dit Folk til=
beder,
For din gyldne Trone kaster deres Kroner ned.
Cherubim og Seraphim glad for dig ned=
falde;
Du var og er og bliver evig ved! Amen!

3. Hellig, hellig, hellig! Om du end dig
skjuler
Og din Herlighed ej ses af syndfuld' Væs'ner
her.

Ene du er hellig og fuldkommen, herlig,
Almægtig, ren og god; din Æren er! Amen!

4. Hellig, hellig, hellig! Herre Gud al=
mægtig!
Alt paa Jord, i Himmel, Hav, ja Alt dig
Pris frembær.
Hellig, hellig, hellig, naadig, kjærlig, mægtig,
Treenig Gud, vi højt dig prise her! Amen!

---

223. **Opliv dit Værk.**
(Hab. 3, 2.)

Mel. Revive Thy work, O Lord. (G. H. 3—2.)

Opliv dit Værk, o, Gud!
Lad det, som nu bortdør,
Opvækkes ved din Almagts Røst,
Gjør, at dit Folk den hør!

Kor: Opliv, o Gud! *)
Og giv forfriskend' Regn; **)
Din Æren er, Velsignelsen
Faa vi, — den tørre Egn.

2. Opliv dit Værk, o, Gud!
Forstyr Dødssøvnens Baand,
Opliv den snart hendøde Ild,
Blæs paa den med din Aand.

---

*) 2den Stemme synger her: Opliv dit Værk, opliv dit Værk.
**) 2den Stemme synger her: Og giv, og giv forfriskend'
Regn.

3. Opliv dit Værk, o, Gud!
  Skab Sjælstørst efter dig,
Og hungrende for Livets Brød
  Gjør os; — og uden Svig.

4. Opliv dit Værk, o, Gud!
  Ophøj dit Navn, os lær;
Din Aand opflam ret Kjærlighed
  Til Dig og Dine her.

224. **Jeg fandt en Ven.**

Mel. I've found a Friend; oh, such a Friend!
(G. H. 3—3.)

Jeg fandt en Ven, o, hvilken Ven!
  Lang Tid før jeg ham kjendte
Han elskte mig; med Kjærlighed
  Mit Hjerte til sig vendte.
Han har mit Hjerte fast med Baand,
  Som Intet sønderriver;
Thi jeg er hans og han er min,
  Saa er det og forbliver.

2. Jeg fandt en Ven, o, hvilken Ven!
  Ved hans Død fik jeg Livet,
Og ej blot Livets Gave, men
  Sig selv han har mig givet.
Jeg intet har, jeg ejer, det
  Blot holdes for dets Giver,
Mit Hjerte, Styrke, Liv, ja alt
  Er hans og hans forbliver.

3. Jeg fandt en Ven, o, hvilken Ven!
  Al Magt til ham er givet,
For mig beskytte paa min Vej
  Herfra til Himmellivet;
Dets Herlighed kan skimtes alt,
  Det flammer op min Iver,
At vaage, virke, kæmpe ret,
  Saa jeg blot hans forbliver.

4. Jeg fandt en Ven, o, hvilken Ven!
  Saa tro, saa øm, saa kjærlig!
En vis Raadgiver, Leder, Ven,
  Forsvarer, mægtig, herlig.
Fra ham, min Elsker, gives der
  Vel noget som mig river?
Kan Liv, kan Død, kan nogen Ting?
  Nej, hans jeg evig bliver.

---

225. **Han mig dækker.**
(Esa. 49, 2.)

Mel. When the storms of life are raging. (G. H. 3—4.

Naar stærk Livets Storme rase,
  Skrækker Alt paa Sø og Land,
Jeg kan finde sikker Tilflugt;
  Guds Haands Skygge dække kan.

Kor: Han mig dækker, han mig dækker,
  Hvor ej Ondt mig mere rækker;
  Han mig dækker, sikker dækker,
  Under Skyggen af sin Haand.

2. Sender han mig tunge Prøver,
   Længes jeg for Hjemmet hist;
Thi i Naade, ej i Vrede,
   Tugter han, det ved jeg vist.

3. Fjender søge maa at skade,
   Satan stærk anstrænge sig,
Gud vil vende det som synes
   Hindre, blot til Gavn for mig.

4. Om jeg mens jeg Korset bærer
   Møder Storm og Bølger her,
Jesus for min Sjæl har Omhu,
   Intet da til Skade er.

---

226.   **Din, Jesus kjær.**

Mel. Thine, Jesus, Thine, No more this heart.
(G. H. 3—5.)

Din, Jesus kjær, Mit Hjerte ikke mer
Sin Fryd skal søge langt fra dig,
Thi Verden er korsfæstet mig;
Blot din jeg er, blot din jeg er.

2. Din, Jesus, blot, Min Klippe og mit Slot,
   Nu Verdens Fryd istand ej er
   Fortrylle Sjælen mere her;
Din er jeg blot, din er jeg blot.

3. Din, Jesus, din, Thi evig du er min;
Jeg hviler i din Kjærlighed,
Den evig, evig varer ved;
Din, altid din, din, ikkun din.

4. Din, Jesus kjær, Snart jeg min Krone bær',
Snart herlig kommer du for vist,
Og fører mig til Hjemmet hist;
O, Jesus kom! o, Jesus kom!

---

227. Fra Mørket til Lyset.

Mel. Long in darkness we have waited. (G. H. 3—6.)

Længe ventede i Mørket
  Vi for Lysets Frembrud klar,
Længe, hvad vi habet, sænket
  Os mer dybt i Natten har.

  Kor: Kjære Jesus, øm og trofast,
      Stærk og god, til dig vi fly;
      Bryd de Lænker, som os holde!
      Os i dig nu helt forny.

2. Nu vi se et Lys sig viser,
  Jesus staar paa Kysten der,
Og med kjærlig Røst han kalder:
  "Kom til mig!" og "synd ej mer!"

3. Intet har vi, blot vor Svaghed,
 Sorg og Synd og Skam vi bær';
Alt i os affky'lig Slethed,
 For os haabløs Mørke er

4. Du har frelst os, o, bevar os!
 Led os med dit Øje, Gud!
Lad din Hellig Aand os lære,
 Saa vort Lys skal ej gaa ud.

Kor: Kjære Jesus, vær du nær os,
 Giv os Naade, nu som før,
 Hør vor Bøn, forsvar og bær os,
 Send os nu din Fred, o, hør!

---

228.   **Jesus kalder dig.**

Mel. Jesus, gracious One, calleth. (G. H. 3—7.)

Jesus naadigen kalber til sig hen:
 "Kom, o Synder, kom!"
Kalber ømt og huld, kalber kjærligen:
 "Nu, o Synder, kom!"
 Hans Ord vise baade
 Kjærlighed og Naade.

Kor: O, hør hans Røst, din Jesus, kjærlig-
 hedsfuld,
 Kaldende dig ømt, kaldende dig huld:
 "Kom, o Synder, kom!"

—(242)—

2. End han venter dig, beder, trættes ej:
"Kom, o, kom til mig!
Du Besværede, jeg er Livets Vej,
Kom og hvil i mig!"
Ord, saa ømme, kjære,
Livet i sig bære.

3. Træt og syndesyg, kaldt saa naadigen,
Tør du nægte end?
Naade, tilbudt dig, frit og kjærligen
Misbrug dog ej den!
Kom, din Dør snart lukkes!
Il, din Lampe slukkes!

---

229.   **Min Forsoner.**

Mel. I will sing of my Redeemer. (G. H. 3—8.)

Jeg vil synge om min Frelser
Og hans Kjærlighed til mig.
Han paa Korset, med sin Smerte,
Kjøbte mig og drog til sig.

Kor: Syng, o syng om min Forsoner,
Med sit Blod han kjøbte mig;
Paa sit Kors min Fred fortjente,
Tog min Skyld, drog mig til sig.

2. Jeg kan se den underfulde
Kjærlighed han til mig har.
Han, at frelse mig Fortabte,
Et frivilligt Offer var.

3. Jeg vil prise min Forsoner,
　　Hans Triumf, hans Sejersmagt;
Over Helved', Død og Synden
　　Han har Sejren til os bragt.

4. Jeg vil synge om min Frelser
　　Og hans Gaver uden Tal.
Han fra Død til Liv har bragt mig,
　　At jeg med ham være skal.

---

230. Jesus Kristus gaar forbi.
(Mark. 10, 47.)

Mel. Jesus Christ is passing by. (G. H. 3—9.)

Jesus Kristus gaar forbi,
Synder, se til ham! bliv fri!
Nu er Tiden her for dig,
Raab: "Förbarm dig over mig!"

2. Se, han staar og kalder dig:
"Hvad forlanger du af mig?"
Gaa, fortæl ham al din Trang;
Il dog til ham denne Gang!

3. Jesus, vis Barmhjertighed!
Aabenbar din Kjærlighed!
Gjennemtræng med den min Sjæl,
Og regjer du Hjertet hel'.

4. O, hvor ømt berører han;
Kom nu, da han hjælpe kan!
Hjertets Uro lægges ned:
"Tro har frelst dig, gaa med Fred!"

---

231. **Kom nær mig.**

Mel. Come near me, O, my Saviour. (G. H. 3—10.)

Kom nær mig, o, min Frelser,
  Din Ømhed aabenbar!
Lad mig forstaa Deltagelsen,
  Du stedse for mig har.
Jeg altid dig behøver;
  Bortgaar du, — Angst er der,
At Frist'ren skyder med sin Pil,
  Blev Død, var du ej nær.

2. Kom nær mig, min Forsoner,
  Og aldrig fra mig gaa!
Mit Skib, kast' om paa oprørt Sø,
  Kan Stormen ej udstaa,
Vil ej din Almagtsstemme
  Selv stille Bølgens Skræk.
O, her i Havets vilde Larm,
  Din Kraftens Haand mig ræk!

3. Kom nær mig, kjære Jesus!
  I Fryd behøves du

Ej mindre, end naar dybest' Sorg
   Min Glæde gjør til Gru.
Naar Glædens Sol klart skinner,
   Min Vej er blomsterstrøet,
Jeg er, om ej led't af din Haand,
   Snart vild, har Alt forød't.

4. Bliv nær mig, stærke Frelser,
   I Livets sidste Strid!
Du gjennem Dødens Skygger gik,
   Livsporten aabnet blib.
Naar jeg staar blandt de Frelste,
   Sejrspalmen i min Haand,
Den priser dig, trofaste Ven,
   Min herliggjorte Aand.

---

232.   **Skjul mig i dig.**
           (Ps. 31, 3, 4.)

Mel. **O safe to the Rock that is higher than I.**
           (G. H. 3—11.)

O, sikker til Klippen, vel prøvet, jeg ty'r,
Min Sjæl i dens Kampe og Sorger did fly'r,
Saa syndig og træt, gjør mig din, tag mod
                                    mig
Velsignede Klippe, o skjul mig i dig!

Kor: Skjul mig i dig, skjul mig i dig!
      Velsignede Klippe, o skjul mig i dig!

2. I Middagsstunds Lys og i Sorgs tunge
Tid,
I Fristelsers Lokken og Truen og Strid,
I Livstidens Storm, naar dens Sø hæver
sig,
Velsignede Klippe, o skjul mig i dig!

3. Haardt trængt her af Fjenden, jeg Hjælp
ej kan se,
Jeg fly'r til min Tilflugt, udsukker min Ve.
Paa Prøvelsers oprørte Hav, hjælp du mig,
Velsignede Klippe, o skjul mig i dig!

---

233.   **Lys paa Kysten.**

Mel. We've journey'd many a day. (G. H. 3—12.)

Vor Rejse tidt var lang
Paa Livets stormfuld' Hav,
I Taage', Mørke, Skum,
Nær oprørt' Bølgegrav;
Men se, nu Land er nær;
Igjennem Taagen har
Jeg set Lys fra mit Hjem
Fremskinne stærkt og klar'.

Kor: Der er Lys paa Kysten hist, Broder,
Det blusser klart fra Strand,
Snart Natten er forbi, Broder,
Vi er' just nær ved Land.

2. Vi havde Storm af Tvivl,
   Og bitter Taareregn,
Indvortes ængstlig Frygt
   Ved Strid i Kampens Egn;
Nu Storme er forbi,
   De naa os ikke mer;
Den kjære, stormløs' Strand
   At nærme sig, vi ser.

   O, Land af sødest' Ro,
Hvor Solen ej gaar ned,
Hvor hver Forløst glad bær'
   Sin Krone og har Fred.
Forbi er Storm og Nat
   Og tunge Smerters Gang;
Forbi al Sorg, thi — lyt! —
   Vi høre Hjemlandssang.

---

234.   Opoffrelse.

Mel. Take my life, and let it be. (G. H. 3—13.)

Tag mit Liv, o, Gud! lad mig
Være helliget for dig.
Tag min Haand, saa den hvert Sted
Røres af din Kjærlighed.

   Kor: Alt for dig, Alt for dig,
       Helliget, o Gud, for dig.

2. Tag min Fod, og lad den saa
Villig paa din Vej blot gaa;
Tag min Røst, saa den kun her
Priser dig, min Konge kjær.

3. Tag min Mund, at fyldt den er
Med dit Ord og Bud til hver;
Tag mit Sølv og Guld og mig,
Alt er dit, og blot for dig.

4. Tag min Tid, og hver en Dag,
Helt at bruges for din Sag;
Tag min Tanke, brug den til
Allesteder hvad du vil.

5. Tag min Vilje, gjør den din,
Den ej længere er min;
Tag mit Hjerte, som det er,
Det din Kongetrone vær'.

6. Tag min Kjærlighed; tøm ud
Skatten for din Fod, min Gud!
Tag mig ganske, gjør du mig
Altid, ikkun, Alt for dig.

---

235. **Naadens Bud.**

Mel. The gospel bells are ringing. (G. H. 3—14.)

Se, Naadens Bud nu sendes
Over Land, fra Hav til Hav;

Herligt Nyt! os alle offres
  Frelse fri, Gud den os gav.
"Gud elsked' Verden saa
  Han sin kjære Søn gav hen,
Hvo omvender sig og tror, nu
  Faar et evigt Liv igjen."

Kor: Naadens Bud sendes ud
  Over Land, fra Hav til Hav;
  Naadens Bud, frit fra Gud
  Byder Frelsen, han os gav.

2. Hør, Naadens Bud indbyder;
  Fest er rede for enhver;
O, forkast ej Guds Indbydning,
  Kaldet agt, du hører her:
"Jeg er det Livets Brød,
  Æd, du hungrig' Sjæl, bliv fuld!
Er din Synd end rød som Purpur,
  Den skal blive hvid som Uld!"

3. Hør Naadens Bud advarer
  Og nu stærk henpeger til
Skjæbnen, haard og streng, dem venter,
  Som opsætte altid vil:
"Il bort og frels dit Liv,
  Stands paa hele Sletten ej,
Fly til Bjerget, sku ej bag dig!"
  Følg ej mere Syndres Vej!

4. Hør Naadens Bud bær' Glæde
Mens de vidne fjern og nær
Om Guds Kjærlighed til Syndre
Ved en Frelser, korsfæst' her:
"Her bringes Glæde stor,
 Alle bør den gjøre glad,
Eder født er nu en Frelser,
 Herren stor, i Davids Stad."

---

236. **Fryd til vor Jord.**

Mel. Joy to the world, the Lord is come. (G. H. 3—15.)

‖ Fryd til vor Jord! her ‖ Herren er,
Fredsfyrsten stor og Evighedens Fader,
 Under, vældig Gud,
‖ Bered ham Rum hvert ‖ Hjerte her!

Kor: Fredsfyrsten stor og Evighedens Fader,
 Under, vældig Gud.

2. ‖ Fryd til vor Jord! se ‖ han er god,
Fredsfyrsten stor og Evighedens Fader,
 Under, vældig Gud.
‖ O, Pris ham Bjerg, Høj, ‖ Mark og Flod.

3. ‖ Han hersker nu med ‖ Naade stor
Fredsfyrsten kjær, og Evighedens Fader,
 Under, vældig Gud.
‖ Han frelser os end ‖ her paa Jord!

237. Du fødes maa paany.

Mel. A ruler once came to Jesus. (G. H. 3—16.)

En Øverste kom til vor Frelser ved Nat,
At spørge ham om Frelsens Vej og dens Skat,
Ham svartes, om Vreden han vilde undfly:
   Du fødes maa paany (paany).

Kor: :,: Du fødes maa paany (paany). :,:
   Ja, sandelig, sandelig, siger jeg dig,
   Du fødes maa paany (paany).

2. I Menneskers Børn, o hør Ordet med Fryd,
Højtidelig udtalt af Jesus, o lyd!
Foragt ej det Budskab, som evig er ny:
   Du fødes maa paany (paany).

3. Vil du blive frelst, og naa Himlen engang,
Deltage i Saliges herlige Sang,
Vil Livet du have og Vreden undfly,
   Du fødes maa paany (paany).

4. Har Kjære du hisset i Himlen, som du
Haardt længes at se, o saa omvend dig nu!
Adlyd Jesu Ord og til ham nu henfly,
   Du fødes maa paany (paany).

238. Hug det om.

(Luk. 13, 7.)

Mel. Cut it down, spare not the fruitless tree.
(G. H. 3—17.)

(Retfærdighed:)

Hug det om, hug det om
Det ufrugtbare Træ!
Dets Skygge skader, hvor det naar,
Fordærver Jorden, hvor det staar;
Jeg fandt ej Frugt paa det for Aar;
Hug det om, hug det om.

(Barmhjertighed:)

2. Et Aar mer, et Aar mer
Spar naadig dette Træ!
Dets Grene skjønne er, — se hen
Til dets pragtfulde Løv igjen,
Maaske det Frugt kan bære end;
Et Aar mer, et Aar mer.

(Retfærdighed:)

3. Hug det om, hug det om,
Brænd det unyttig' Træ!
Dets Plads er spildt og ilde brugt,
Der andet Træ kan blomstre smukt,
Og til min Nytte bringe Frugt,
Hug det om, hug det om.

(Barmhjertighed:)

4. Et Aar mer, et Aar mer
Spar naadig dette Træ!
Og plej det end et Aar, dersom
Det muligt er der Frugt fremkom,
Om ej, da hug det siden om.
Et Aar mer, et Aar mer.

5. End det staar, end det staar,
Et smukt, men frugtløs Træ.
Nu Herren selv hertil er naaet,
Bedrøvet ingen Frugt har faaet,
Nu taler Retfærd, — Naaden gaaet, —
Hug det om, hug det om!

---

239. **Kristi Gjenkomst.**

Mel. It may be at noon, when the day. (G. H. 3—18.)

Snart Morgenen kommer, vi mærke det
dages,
Da Mørke og Skygger af Sollys forjages,
Da Jesus vil komme i Herligheds Ære
"Sine Egne" at bringe hjem.

Kor: Herre, hvor længe end er der, Før vi
jublende er:
"Jesus er her," Halleluja! Halleluja!
Amen.
Halleluja! Amen.

2. Det ske maa ved Middag, ved Aften, vi hentes,
Det ske maa naar Midnattens Mørke forventes,
At solklar frembryder hans Herligheds Ære;
"Sine Egne" han bringer hjem.

3. Han kommer fra Himlen med jublende Skarer,
Hvis blændende Glands blot hans Nærhed forklarer,
Med Lyskrands om Panden i Herligheds Ære
"Sine Egne" han bringer hjem.

4. O, Fryd, saa henrykkende herlig, vi hvile
Frigjort fra Besvær, og forherliget ile
Med Skyen til Herren i Herligheds Ære.
"Sine Egne" han bringer hjem.

---

240. **Vent nu ej mer.**

Mel. Why do you wait, dear brother? (G. H. 3—19.)

Vent nu ej mer, min Broder;
Hvorfor har du ventet hidtil?
Din Frelser en Andel dig give
Iblandt sine Hellige vil.

Kor: :,: Vent ej! Vent ej! Vent ej!
    Kom til ham nu! :,:

2. Hvad er dit Haab, min Broder,
   At naa ved Opsættelsen her?
   Ej andre kan frelse, blot Jesus,
   Hans Vej og den eneste er.

.3 Føler du ej, min Broder,
    Hans Aand, der nu minder dig stærk?
   Besind dig og modtag nu Frelsen;
   Omvend dig, forlad Syndens Værk.

4. Vent nu ej mer, min Broder;
   Se Faren nu: Synden er sød,
   Høsttiden saa hastig bortiler,
   Opsættelse kan bringe Død.

---

241.   "**Kom til mig!**"

Mel Is Jesus able to redeem? (G. H. 3—20.)

Er Jesus mægtig nok at faa
   En Synder frelst, mig lig?
Min Synd. er stor, hvor skal jeg gaa?
   Han siger: "Kom til mig."

Kor: Se, Jesu Blod fra Synd gjør fri,
        Udøst for mig og dig!
      Der Rum er i hans Faaresti;
        Han siger: "Kom til mig."

2. Vil Jesus nu tilgive en
 Oprører stor, mig lig,
Som villig løb til Synden hen?
 Han siger: "Kom til mig!"

3. Staar Jesus rede tage mod
 Bortløbet Barn, mig lig,
Som Faderhuset selv forlod?
 Han siger: "Kom til mig!"

4. Har Jesus frelst af Syndens Hav
 Forbryder slet, mig lig,
Som bragte ham til Kors og Grav?
 Han siger: "Kom til mig!"

---

242. **Sandelig, sandelig.**
(Joh. 6, 47.)

Mel. O, what a Saviour, that he died for me.
(G. H. 3—21.)

O, hvilken Frelser, som for mig er død,
Og Synds og Dødens Lænker sønderbrød!
"Enhver som troer paa Sønnen," han ud=
brød,
 "Har evigt, saligt Liv!"

Kor: "Sandelig, sandelig," siger han end her,
 "Sandelig, sandelig," glad Budskab det er,
 "Hvo som nu tror paa den Guds Søn," —
hvor kjær', —
 "Har evigt, saligt Liv!"

2. Al min Misgjerning her paa ham blev
                      lagt,
Min Gjæld betalte han, Bevis har bragt:
Nu, hvo som tror paa ham, saa har han
                      sagt,
   "Har evigt, saligt Liv!"

3. Skjøndt svag og syndig, jeg dog paa
                      ham tror,
Skjøndt arm og fattig, stoler paa hans Ord;
O, glade Budskab, at Guds Børn paa Jord
   "Har evigt, saligt Liv!"

4. Skjøndt hel uværdig, stoler jeg paa Gud,
Thi den som kommer, kaster han ej ud;
"Enhver som tror!" udbred det glade Bud,
   "Har evigt, saligt Liv!"

---

243. **Lammet er dets Lys.**
(Aab. 21, 23.)

Mel. If never the gaze of sun and moon. (G. H. 3—22.)

Om Staden i Himlen, som er sagt,
  Ej behøver Solen mer,
Hvorfra er dens Straaleglands og Pragt?
  Mærk, at Lammet er Lyset der.

Kor: O, hvor herligt, at Der er aldrig Nat
     I vort Himmelhjem saa kjær'!
     Hvilken Jubelklang, Af de Frelstes Sang:
     O, blot Lammet er Lyset her!

2. Guds Ord har os sagt og viser hen,
   Hvad er Stadens Pragt især:
"Guds Herlighed klart oplyser den,"
   Og blot Lammet er Lyset der.

3. Følg ham og, som Duen med Behag
   Fløj til Arkens Hvile kjær,
Il bort til hint Land med evig Dag;
   Thi blot Lammet er Lyset der.

---

244. O, hvor saligt er det.

Mel. O, how happy are we, who in Jesus. G. H. 3—23.

O, hvor saligt er det, Vi i Jesus er Et,
   Og forvente hans Komme igjen!
I hans Vingaard vi er Og forenede her
   Vi højt prise vor kjæreste Ven.

Kor: O, hvor saligt er det, Vi i Jesus er Et,
   Hvor saligt, hvor saligt er det.

2. I ham Et, her vi kan Glade drikke det
                                  Vand,
   Som udflyder fra Tronen hos Gud.
Har vi Troen, vi maa Da og Aanden her
                                  faa,
   Som fra ham og hans Fader gaar ud.

3. Vi erindre hans Ord, Som han før han
opfo'r
Sagde, han vil os tage til sig;
Jeg vil komme igjen, Eder føre derhen,
Hvor I stedse skal være hos mig.

4. Jesus kom nu snart hid, Og os tag med
dig did
Til vor Hvileplads tæt til dit Bryst,
I den himmelske Ro, Evig der hos dig bo,
Helt henrykt af din Kjærligheds Lyst.

---

245.   **Glade Haab.**

Mel. Blessed hope, that in Jesus is given. G. H. 3—24.

Glade Haab, som i Jesus er givet,
Som en Trøst i vor Sorg fra vor Ven,
At i Himlen, i Salighedslivet,
Vi skal møde hver Elsket igjen.

    Kor: :,: Glade Haab, glade Haab,
         Vi skal møde hver Elsket igjen. :,:

2. Glade Haab, — Gud i Ordet har
lovet, —
Til det Ord vi for Fred vises hen, —
At hvis de er i Herren hensovet,
Vi skal møde hver Elsket igjen.

3. Glade Haab, det vejleder i Sorgen,
Som hin Stjerne til Bethlehem hen,
At maaske der hos ham før imorgen
Vi skal møde hver Elsket igjen.

4. Glade Haab, Morgenstjernen frem=
bryder,
Som bebuder hans Komme, vor Ven;
Hvilken Glæde den Dag dog os byder,
Vi skal møde hver Elsket igjen.

---

246. **Bliv frelst idag.**

Mel. Oh do not let the word depart. (G. H. 3—25.)

Lad ej Guds Ord forbi dig gaa,
Men Dækket fra dit Øje drag;
Luk Lyset ind, og haard ej staa;
Du frelses vil, bliv det idag.

Kor: :,: Bliv det idag, bliv det idag,
Du frelses vil, bliv det idag. :,:

2. Maaske dit Øje ikke mer,
O Synder, skal se Morgendag;
Nu er din Tid, nu Visdom lær;
Du frelses vil, bliv det idag.

3. Dig Verden kan ej give Fred,
Dens Fryd snart bliver Hjertenag;
Dig til sand Kristenliv bered;
Du frelses vil, bliv det idag.

4. Vor Frelser Ingen drev fra sig;
 Hvo villig kom, har hans Behag;
Til ham derfor nu hengiv dig;
 Du frelses vil, bliv det idag.

---

247. "**Kom hid til mig.**"

Mel. Oh tender and sweet was the Masters voice.
(G. H. 3—26.)

Saa øm og saa sød var min Mesters Røst,
 Da kjærlig han kaldte mig.
"Kom hid nu til mig, der er kun et Skridt,
 Jeg venter, mit Barn, for dig."

Kor: "Kom hid til mig!" — hør den søde
 Klang!
 Engle nu synge med Jubel den Sang:
"Kom hid til mig!" — did er nu min
 Gang,
 Jeg har kun et Skridt til Jesus.

2. Min Synd er saa stor, og min Tro saa
 svag; —
Men Svaret kom hastigt her:
"Du tør ikke stole mer paa dig selv,
 Kom hid til mig, — her jeg er."

3. "Men Kjødet," med Taarer jeg sagde da,
 "Er skrøbeligt, Vejen smal,
Jeg frygter forfejle mit Maal med Skam,
 Og dig da vanære skal."

—(262)—

4. Af Verden er kold og jeg gaa ej kan
   Tilbage mer, fremad maa;
Hans saarede Haand tager jeg i min,
   I Tillid med ham vil gaa.

Kor: "Kom hid til mig!" — hør den søde
                                    Klang!
   Engle nu synge med Jubel den Sang:
   "Kom hid til mig!" — did er nu min
                                    Gang,
      Jeg tager det Skridt til Jesus.

---

248. **Frels, Jesus kjær.**

Mel. Save, Jesus, save! Thy blessing now.
(G. H. 3—27.)

Frels, Jesus kjær! Velsign du dog enhver,
   Som længes leve blot for dig,
   Og lad din Naade vise sig
Frels, Jesus kjær, Frels, Jesus kjær."

2. Frels, Jesus kjær! Din Kjærlighed os
                                    vær
   Her Skjold og Skjul og Skat og Del
   Og lad os blive Dine hel',
Frels, Jesus kjær, Frels, Jesus kjær!

3. Frels, Jesus kjær, Du Sejerherre er;
   Hver Bunden du i Frihed sæt,
   Bedrøvet Sjæl med Fred gjør mæt.
Frels, Jesus kjær, Frels, Jesus kjær!

4. Frels, Jesus kjær! Og da vi dig frem-
bær',
For Naadens Værk og Sjælens Fred,
Al Pris i Tid og Evighed.
Frels, Jesus kjær, Frels, Jesus kjær.

---

249. **Prøvelser.**
(Jak. 1, 3.)

Mel. Tempted and tried. (G. H. 3—28.)

Prøvet haardt her!
Se Angst og Besvær
Som Havsdybet oprørt og skrækkeligt er;
Men dets Rasen og Magt
Ej har Dødssøvn dig bragt,
Det Herren har stil't, han et Ord blot har
sagt.

Kor: Prøvet haardt her!
Dog er Herren dig nær,
Dig leder og vogter,
Skjøndt prøvet haardt her.

2. Prøvet haardt her,
Din Tillid ej er
Forgjæves til Herren, din Byrde han bær'.
Han vil frelse altid
Her i Farer og Strid,
Han elsker saa højt, og hans Trøst er saa
blid.

3. Prøvet haardt her,
Hvad sendt dig end er,
Han skjuler dig trygt i Paulunet, sig nær.
Med fast Tillid og Tro,
Fyldt af Fred og i Ro,
Guds Børn under hans Vingers Skygge skal
bo.

4. Prøvet haardt her,
Dig Herren er nær,
Din trofaste Vogter og Leder, saa kjær,
Han er Skjold og er Sværd,
Og stor Løn for Besvær;
Det nok er en Tjener som Mesteren er.

250.   Vi vandre til Zion.

Mel. Come we that love the Lord. (G. H. 3—29.)

Kom, I som elske Gud,
Vis Eders Glæde her.
:,: Syng frydelig, hans Fryd bred ud :,:
:,: Og kom til Tronen nær. :,:

Kor: Vi vandre til Zion,
Yndigste, skjønneste Zion,
Vi vandre opad til Zion,
Den venlige, skjønne Guds Stad.

2. De synge ej forstaa,
Som aldrig Gud har kjendt;
:,: Men vi vor Fryd udtale maa :,:
:,: For Frelsen, han har sendt. :,:

3. Os Zions Mark har bragt
Saa meget saligt Godt,
:,: For Vandringsstaven er nedlagt, :,:
:,: Og vi har naaet Guds Slot. :,:

4. Bring Sange, mens du kan,
Han det er værd forvist;
:,: Vi vandre gjennem Herrens Land :,:
:,: Til bedre Egne hist. :,:

---

251. Hvor overvættes kost'lig.

Mel. I cannot tell how precious. (G. H. 3—30.)

Hvor overvættes kost'lig
   Er Jesus mig og var,
Helt siden jeg ham modtog,
   Og han mig frigjort har.
Hans Godhed ej udsiges
   At tilfredsstille her;
Og hvis du ham modtager,
   Du Grunden, hvorfor, ser.

Kor: Hvor overvættes kost'lig
      Er Jesus mig hver Dag!
      Jeg ikkun kan dig raade:
      Nu kom og se og smag!

2. Jeg aldrig gjør for Jesus
     Saameget, som jeg bør,
  Bestræber mig dog være
     Ham tro i hvad jeg gjør.

Var ej min Frelser korsfæst'
For Syndres Synd og Nød?
Jeg ved for mig paa Korset
Han hængte og er død.

3. Naar jeg paa Jesus tænker,
Jeg kan mig fryde frit;
Han er min Glædes Kilde,
Om ham jeg taler tidt.
Han har i Herligheden
Beredt mig Hjem hos sig,
Hvor jeg skal leve evigt
Saa glad og lykkelig.

252. Yndige, herlige Eden.

Mel. Beautiful valley of Eden. (G. H. 3—31.)

Skjønne og herlige Eden,
Sød i din Ynde, som
Over hver Træts sorgfuld' Hjerte
Aander din Lægedom.

Kor: Yndige, herlige Eden,
Frelstes og Renes Bo,
Blandt oprørte Bølger jeg længes
At smage din Ro, — sød Ro.

2. Over Bedrøvedes Hjerter
Skinner din gyldne Fred,
Viftende Englenes Sange
Fra dine Sletter ned.

3. Der blandt den blodrenste Skare
Prisende højt Guds Søn,
Over de herlige Bjerge,
Lyder hin Sang saa skjøn.

---

253. Jeg forbliver hos Eder.

Mel. Fierce and wild the storm is raging. G. H. 3—32

Vild og heftig Stormen raser
Rundt et hjælpløs Skib,
Som mod Undergang stærk iler,
Lig et afbrudt Siv.

Kor: Fryd, o Fryd, o se din Frelser
Fryd, o Fryd, hans Budskab hør:
"Jeg forbliver indtil Morgen,
Jeg kom at frelse, frygt ej mer;
Ja, jeg forbliver indtil Morgen,
Jeg kom at frelse, frygt ej mer."

2. Trætte, hjælpløs', haabløs' Sømænd,
Afmagt nær, der staar;
Frydfuld se de deres Frelser
Da han Vraget naar.

3. Her paa Havet, vildt og stormigt,
Døden iler til;
Sjæl, som undergaar, hør Budet:
Jesus frelse vil.

4. Han fra Død din Sjæl kan frelse,
   Kjærligt staar han frem.
Il fra Vraget, stol blot paa ham;
   Du skal naa dit Hjem.

---

254. **Frelst ved Blodet.**
(1 Joh. 1, 7.)

Mel. We're saved by the blood, That was drawn.
(G. H. 3—33.)

Vi frelste nu er
   Ved det Blod, som nedfløb
Fra Korset for os
   Ved Forsonerens Død.

   Kor: Halleluja til Gud
      For fri Frelse, saa rig;
      Halleluja, Halleluja,
      O, Jesus, til dig!

2. Ja, frelst ved hans Blod;
   Grav og Døden vor Ven
For os overvandt,
   Og han lever igjen.

3. Det slagted' Lams Blod
   Kan os styrke i Strid;
Det Sjælens Liv er,
   Og vort Haab til hver Tid.

4. Til Blodkilden kan
 Nu den Værste frit gaa,
Sig to og sin Sjæl
 Der hel snehvid nu faa.

5. Ved Blodet nu frelst,
 Halleluja igjen!
Ved Blodet helt frelst,
 Halleluja! Amen.

---

255. Kom, lader os gaa i Rette.
(Esa. 1, 18.)

Mel. Come, souls that are longing. (G. H. 3—34.)

Kom Sjæl, du som længes for Glæde;
Sand Glæde hos Jesus blot faaes;
Hans Kjærlighedsvej du betræde,
Den sjeldne Skat der ikkun naaes.

Kor: "Kom dog, lad os nu gaa i Rette,"
 Gud siger, "nu vælg og det faa,
 Vil med Syndsglæden her du dig mætte,
 O, sig! eller min Glæde naa?"

2. Syndsglæden, den ikkun bedrager,
Forsøder ej Gaarsdagens Ve,
Dens Minde hver svunden Dag nager,
Snart Sjælen hel tom maa sig se.

3. Syndsglæden og hurtig forsvinder,
Lig Morgendugs Draaber man fandt
Helt skjønne, — naar Solen oprinder
De glimrede smukt og forsvandt.

4. J, som tidt for Trøst her maa græde,
J, Trætte, Besværede, Hver,
Kom find nu i Jesus den Glæde,
Som aldrig skal borttages mer.

5. Ja, Jesus udvælg fremfor andre
En Ven, som ej kan være mist';
Du snart skal til Fryden bortvandre
Blandt fuldendte Hellige hist.

256. Jeg gaar snart hjem.

Mel. My heavenly home is bright and fair. G. H. 3—35

Mit Himmelhjem er skjøn og kjær,
Ej Synd og Død kan indgaa der;
Som Sollys er dets Taarnes Skin,
Den Himmelbolig nu er min.

Kor: Jeg gaar snart hjem, jeg gaar snart hjem,
Jeg gaar snart hjem, og bør ej mer;
Og bør ej mer, og bør ej mer,
Jeg gaar snart hjem og bør ej mer.

2. Min Faders Hus i Højhed er
Langt ovenfor hin Stjernehær;
Frigjort fra Jordens Fængsels Tvang
Den Himmelstad jeg naar engang.

2. Tog andre Hjem i dette Land,
Som Ild og Vand fordærve kan,
Jeg fik en Del, som bedre er,
Mit Himmelhjem, ved Tronen nær.

4. Lad Jorden og dens Hjem forgaa,
Og Sol og Stjerner ligesaa,
Lad Alt til Døden bøje sig,
Den Himmelbolig staar for mig.

---

257. Ikkun Jesus.

Mel. What tho' clouds are hov'ring o'er me.
(G. H. 3—36.)

Samle Skyer sig omkring mig,
 Synes jeg, jeg ene er,
Og i Kors og Sorger længes
 Efter tabte Glæder her,
Har jeg Jesus, "Jesus ikkun,"
 Himlen end en Stjerne har;
Han er Sol, saa skjøn og herlig,
 Og en Morgenstjerne klar.

2. Om end al min jordisk' Vandring
  Er blot som en møjsom Stund,
Om jeg efter Roser griber
  Og fik skarpe Torne kun,
Har jeg Jesus, "Jesus ikkun,"
  Har jeg dog en Blomst saa kjær;
Han som "Dalens skjønne Lilje"
  Og som "Sarons Rose" er.

3. Om end haardt mit Hjerte længes
  Efter Elskte i Guds Stad,
Om jeg bitter Lærdom sanker
  Ud af Sorgens Skygge=Blad,
Har jeg Jesus, "ikkun Jesus,"
  Vel han vogter mig hos sig,
Og, uset af død'lig Øje,
  Engle dvæle rundt om mig.

4. Naar jeg mig til Himlen svinger,
  Og jeg Indgang ønsker mig,
Om jeg hvisker: "Jesus ikkun,"
  Perleporten aabner sig.
Naar jeg staar i Himmelskaren,
  Og jeg Englehæren ser,
"Elsk'te Jesus," "Jesus ikkun,"
  Hel henrykt jeg jubler der.

258. **Kristus min.**

Mel, Whom have I, Lord, in heaven but Thee?
(G. H. 3—37.)

Hvem er i Himlen vel lig dig,
   Kristus min, Kristus min?
I Livet er det Fryd for mig,
   Du er min, Du er min.
For mig du har Vinpersen traadt,
Dit Blod for mig gjør Alting godt,
I dig jeg varig Fryd har faat,
   "Kristus min, Kristus min.

2. Jeg Rigdoms Fryd begjærer ej,
   Kristus min, Kristus min,
Foragter Jordens Glimmer-Vej,
   Du er min, Du er min.
Sand, varig Glæde naaes ej her,
"Forvisnet" paa Alt stemplet er;
Min Fryd dit sikkre Præg dog bær',
   Kristus min, Kristus min.

3. Gaar jeg end her i fattig Stand,
   Kristus min, Kristus min,
"Du gjør Alt vel," det trøste kan,
   Kristus min, Kristus min.
Om "Vin- og Figentræ'r har Brand,"
Og "Oljetræ'r ej holde Stand,"
Om "Hjordens Flok" end bortdø kan,
   Du er min, Du er min.

4. Skjøndt jeg er nu paa Fjendegrund,
 Kristus min, Kristus min.
Og Synd angriber mig hver Stund,
 Du er min, Du er min;
Om Verden gaar i Kamp mod mig,
Sjælsfjender vildt anstrænge sig,
Jeg har min Styrke dog i dig,
 Kristus min, Kristus min.

5. Mit Livslys sluk't, jeg skal herfra,
 Du er min, Du er min;
Frelst, i din Arm jeg hviler da,
 Kristus min, Kristus min.
Naar Dødens Smerter komme nær,
Naturens Kræfter svinde her,
Min Sang i Skyggedalen er:
 Kristus min, Kristus min.

259. Vil Jesus finde os vaagne?

Mel. When Jesus comes to reward his servants.
(G. H. 3—38.)

Naar Jesus kommer, at Løn uddele,
 Hvilken Tid det ogsaa var,
Vil han da finde os tro at vaage,
 Lampen brændende og klar?

Kor: O, ere vi rigtig rede, Broder,
  At gaa hjem til Himlens Stad?
  Sig, finder han dig og mig lysvaagne,
  Forventende Herrens Komme glad?

2. Om han ved Nat eller tidlig Morgen
   Een for een os kalder bort,
For vor Talent ham tilbagebringe,
   Vil han svare da: "Vel gjort"?

3. Var vi vel tro her i al hans Gjerning?
   Har vi villig udført den?
Kan Hjertet ja, til det Spørgsmaal svare,
   Glad vi ile til ham hen.

4. O, salig hver som han finder vaagen!
   I hans Ære de faa Del.
Men naar han kommer, og hel uventet,
   Finder han os vaagne vel?

260. Det skjønne Hjemland.

Mel. Gliding o'er lifes fitfull waters. (G. H. 3—39.)

Her paa Livets Farevande
   Høje Bølger ofte gaa,
Og tidt sukke vi for Havnen,
   Sjælens Hjemland, vel at naa.

   Kor: Skjønne Hjemland, altid kjær,
         Hvor ej Synd os kommer nær;
         Sjælen der, vakt op til Livet,
         Evighedens Blomster bær'.

2. Et svagt Glimt vi ofte skue
      Af dets grønne, lyse Kyst,
   Skjøndt langt borte, Hjertet bæver,
      Fyldt af himmelsk Længsels Lyst.

3. For vor Fader og vor Frelser
   Og Guds Aand, os altid nær,
Vi skal synge Sejerssange,
   Naar vor Høst her fuldført er.

4. O, du trætte Pilgrims Hjemland,
   Hvor hver Ængstelse ophør',
Og vort Hjertes Længsels Smerte
   Stillet er, som Bølgen før.

---

261.   **Var jeg der!**

Mel. I have heard of a land far away. (G. H. 3—40.)

Jeg har hørt om et Land langt herfra,
   Og dets Herlighed fattet ej er,
Men dets Skjønhed har vist sig endda,
   Var jeg dog med min Jesus blot der.

Kor: :,: Var jeg der, var jeg der!
   Var jeg dog med min Jesus blot der. :,:

2. Der er Forsmag af Himlen paa Jord,
   Der er Øjebliks Himmelfryd her,
Men dens Herlighed er dog saa stor,
   Det ej fattet af Nogen her er.

3. I hin Herligheds Middagstids Glands,
   Og i Gjenskin af Livsfloden blid,
Er Fuldendtes Fryd over al Sands.
   O, hvor sødt de dog hvile fra Strid!

4. Der de Frelste har Hvile og Ro,
 Og beskyttes hvor Livets Træ gror;
Der for evigt hos Jesus de bo
 Og har Fryd uudsigelig stor.

---

262. **Kron ham.**

Mel. Look, ye saints, the sight is glorious.
(G. H. 3—41.)

Sku, o Sjæl, et Syn saa herligt,
 "Manden fuld af Smerter" se,
Sejerskronet kom fra Kampen;
 For ham bøje sig hvert Knæ.

Kor: :,: Kron ham, kron ham,'Engle kron ham,
 Jesus, Kongers Konge, kron! :,:

2. Kron dog Jesus, Engle kron ham,
 Som bær' store Sejerstegn!
Sæt ham højt paa Magtens Trone,
 Fyld med Jubel Himlens Egn.

3. Syndre har til Spot ham kronet,
 Haanet Jesu Fordringsret,
Himmelskarer rundt ham flokkes,
 Hylde ham med Pris for det.

4. Hør blot Jubelsangens Toner,
 Hør blot Sejrens Jubelkor!
Jesus sat paa Ærens Sæde,
 Hvilken Fryd og paa vor Jord.

263. Fæst dit Øje paa Jesus.

Mel. Would you lose your load of sin? (G. H. 3—42.)

Vil for Synd du Naade faa?
Fæst dit Øje paa Jesus;
Vil du Fred i Sjælen naa?
Fæst dit Øje paa Jesus.

Kor: Jesus ej blot paa Korset dør,
Men han regjerer nu, som før,
Og blot han retfærdiggjør;
Fæst dit Øje paa Jesus.

2. Vil du trygt paa Havet gaa?
Fæst dit Øje paa Jesus;
Vil du Frelsen ret forstaa?
Fæst dit Øje paa Jesus.

3. Vil du Byrder være fri?
Fæst dit Øje paa Jesus;
Prise Gud paa mørkest' Sti?
Fæst dit Øje paa Jesus.

4. Vil i Sorg du have Ro?
Fæst dit Øje paa Jesus;
Være ydmyg, stille, tro?
Fæst dit Øje paa Jesus.

5. Vil du se din Ve gaa bort?
Fæst dit Øje paa Jesus;
Lyset se bag Gravens Port?
Fæst dit Øje paa Jesus.

264. Det himmelske Kanaan.

Mel. There is a land of pure delight. (G. H. 8—43.)

Der er et rene Glæders Land,
   Hvor Hellige regjer',
Al Mørke drives fra dets Strand,
   Af evig Dagslys skær;
I evig Vaar Alt blomstrer der
   Og Intet visner bort,
Blot Dødens Flod adskiller her
   Det skjønne Land fra vort.

2. Hinsides denne mørke Flod
   Staar Alt i skjønnest' Pragt,
Saa for Guds Folk og Kana'n stod
   Mens Jordans Flod holdt Vagt.
Vi frygtsom' bæve nær at staa
   Ved Flodens stejle Bred,
Og skjælve gjennem den at gaa,
   Tør ikke stige ned.

3. O, kunde vi blot Tvivlens Ve
   Fra Hjertet drive fort,
Vort elskte Kana'ns Kyster se
   Med Sløret draget bort.
O, stode vi, hvor Moses stod
   Og saa det skjønne Land,
Ej Jordans Strøm, ej Dødens Flod
   Os skrækked' fra dets Strand.

265. **O, jeg er saa glad i min Jesus.**

Mel. Oh, I am so happy in Jesus. (G. H. 3—44.)

O, jeg er saa glad i min Jesus,
 Hans Blod har mig renset fra Synd;
Jeg græder og synger af Glæde,
 Han Hjertet har taget helt ind.

   Kor: O, jeg er saa glad i min Jesus,
      Han har mig nu frigjort i sig;
      Saa glad, at han nu er min Frelser,
      Saa glad, at han nu elsker mig.

2. O, jeg er saa glad i min Jesus,
 Tro'ns Hem'lighed har han mig bragt;
Jeg hviler i Tro paa hans Løfter
 Og stoler paa hvad han har sagt.

3. O, jeg er saa glad i min Jesus,
 Jeg hans er i Glæde og Nød;
Den Kjærlighed, tændt i mit Hjerte,
 Gjør Arbejd' og Lidelse sød.

4. O, jeg er saa glad i min Jesus,
 Velsignet er Verden nu bedst.
Hvad Fryd i hans Nærhed at sidde
 Glad ned, ved hans Fod, som hans Gjæst.

266. Basunen højt nu lyder.

Mel. The gospel trumpet's sounding. (G. H. 3—45.)

Basunen højt nu lyder
 Til Herrens Jubelaar;
Frit Naaden nu tilbydes,
 Den Bundne Frihed faar.

Kor: J Fangne vend tilbage
  Til Eders Hjem saa kjær,
  :,: For Friheds Fryd at smage;
  Her Jubelaaret er. :,:

2. Forsag hver syndig Gjerning,
 Hvis Lænker bandt dig her,
Modtag din Frihed gjerne,
 Vær Satans Træl ej mer.

3. En bedre Herre kalder
 Dig mild og venlig ind,
J Kjærlighed at tjene
 Ham med et villigt Sind.

4. Han dig tilbyder Frelse
 Og Himlens Herlighed,
Og længes Gjenstand gjøre
 Dig for sin Kjærlighed.

5. Ved sand Tro ham modtage,
 Opgiv alt Andet nu;
Mens Naaden højt dig kalder,
 Straks op til Jesus stu.

267. Berør hans Klædebon.
(Mat. 9, 21.)

Mel. She only touched the hem of his garment.
(G. H. 3—46.)

Hans Klædebon hun ikkun berørte,
 Da taus til ham hun gik
I Skaren, som om ham der var samlet;
 Hun straks sin Helbred fik.

 Kor: Berør hans Klædebon dristig,
   Du fri da gaar herfra;
   Hans Naades Kraft i samme Stund
   Nyt Liv dig giver da.

2. Hun kom nær ham med Frygt og stor
        Bæven,
 Det Herren var, hun saa,
Hun følte Kraften fra ham udstrømme,
 Og hjulpen kunde gaa.

3. Han sagde: "Datter vær du frimodig,
 Din Tro har frelst dig," og
Med Fred, som overstiger al Kundskab,
 Hun glad sin Vej da drog.

---

268. "Intet mit og Alting dit."

Mel. Oh, the bitter pain and sorrow. (G. H. 3—47.)

O, den bittre Sorg og Smerte,
At en Tid der var, jeg frit,
:,: Dristig, stolt til Jesus sagde:
:,: :,: "Alting mit og Intet dit." :,: :,: :,:

2. Dog, han fandt mig; jeg ham skuet
Blødende paa Korset tidt,
:,: Og mit Hjerte sagde stille:
:,: :,: "Noget mit og Noget dit." :,: :,: :,:

3. Dag for Dag hans milde Ømhed
Lægte, hjalp mig, fuldt og frit,
:,: Bragte mig dybt ned; jeg tænkte:
:,: :,: "Mindre mit og Mere dit." :,: :,: :,:

4. Høj og dyb, langt over Maade,
Kjærlighed tilsidst fik sit;
:,: Du mig overvandt, o, Jesus:
:,: :,: "Intet mit og Alting dit." :,: :,: :,:

---

269.   **Er det vel ret?**
(Mat. 14, 31.)

Mel. Can it be right for me to go? (G. H. 3—48.)

Er det vel ret for mig at gaa
  En mørk og uvis Vej endnu,
Jeg tror, og dog med Tvivl kan staa,
  Om min Synd er forladt mig nu?

Kor: Jeg vil ej tvivle mer, nu jeg tror,
     Min Gud, jeg hviler trygt paa dit Ord.

2. Er det vel ret i Skrækkens Stand
  At gaa til Døden viser sig,
Før jeg min Stilling vide kan,
  Om Herren sige vil: "bortvig"?

3. Er det vel ret med Byrder gaa,
   Da Jesus siger, som jeg ved:
Læg Byrden ned, kom, Hvile faa,
   Læn til mit Bryst i Kjærlighed?

4. Er det vel ret at tvivle om
   Hans Kraft kan overvinde Synd?
Om endog mørkest' Stunder kom,
   Kan han ej lede da mit Sind?

5. Er det vel ret, ej søge her ·
   At vinde Sjæle for min Ven?
At tale for ham, han mig lær',
   Og styrker mig, blot jeg gaar hen.

6. Er det vel ret med saadan Gud,
   At frygte Døden komme frem?
Jeg ved han frelst mig bringer ud
   Fra Dødens Magt og fører hjem.

270. Den brustne Klippe.

Mel. From the riven rock there floweth. (G. H. 3—49.)

Fra den brustne Klippe flyder
   Livets Vand, som læger her;
Trætte Pilgrim, paa din Vandring
   Ved du, Kilden er dig nær?
   Kor: Jesus er den faste Klippe,
      Slagen, brusten; se, han dør;
      Fra hans Side Livets Kilde
      Flyder og retfærdiggjør.

2. "Uden Penge og for Intet,"
Rens fra Synd dig blot deri.
I din Sjæletørst vær trøstig,
Ved du, Kilden den er fri?

3. Her i Ørk'nen, træt, afmægtig,
Jesus kalder: "Kom til mig!"
Du dødskyldig' Synder, hør dog;
Ved du, at han kalder dig?

---

271. **Du snart kommer.**
(Tit. 2, 13.)

Mel. Thou art coming, O, my Saviour. (G. H. 3—50.)

Du snart kommer, o, min Frelser!
  Du snart kommer, Jesus kjær!
Hver, som her dit Navn bekjender,
  Bør vel glæde sig især.
Du snart kommer; klare Straaler,
  Gjennem Forhængsrevnen stor,
Ved din Død frembragt, nu skinner
  Paa vor Pilgrimsvej paa Jord.

Kor: Du snart kommer, du snart kommer,
  Vi dig møde med Behag.
Du snart kommer, vi skal se dig,
  Være lig dig paa din Dag.
Du snart kommer, du snart kommer,
  Jesus, Herre, Hjertenskjær!
O, den Fryd, se dig regjere,
  Æret og tilbedet der!

2. Du snart kommer! Ingen Skygger,
   Ingen Taager mer vi har,
Ingen Synd og Sorg og Taarer;
   Hvilken Solopgang saa klar!
Du snart kommer! Intet synes
   Mere da en Tanke værd.
Hvilken overvættes Ære
   Ved din Smerte bragt os er!

3. Du snart kommer, og vi venter
   Med et Haab, paa Klippen byg't;
Spørger ej om Dag og Time,
   Bag Forhænget ankrer trygt.
Du snart kommer, og vi vidne
   Derom ved dit Naadesbord,
Samfunds-Naaden der os giver
   Forsmag alt, af hvad vi tror.

---

272. **Tillid til Jesus.**

Mel. Only trusting in my Saviour. (G. H. 3—51.)

Al min Tillid er til Jesus,
   Trygt jeg hviler paa hans Ord;
Han har lidt, for mig at frelse,
   Og hans Løfter nu jeg tror.

   Kor: Fast til Jesus jeg mig klynger,
         Om end Stormen raser vildt,
         Midt i Uvejrs Skræk og Fare
         Trøster han mig huldt og mildt,

2. Helt mig paa ham at forlade,
   Er Alt hvad jeg gjøre kan;
Han vil frelst mig sikkert føre
   Gjennem Prøvelsernes Land.

3. Oprørt Sø jeg ikke frygter,
   Jesus skjuler mig hos sig;
Sikker paa den faste Klippe,
   Ej Ulykken rammer mig.

4. Paa ham helt mig at forlade,
   Det er Fryd og Liv for mig.
Jesus, du mig aldrig slipper,
   Naar jeg klynger mig til dig.

---

273. Der er en grøn Høj langt herfra.

Mel. There is a green hill far away. (G. H. 3—52.)

Der er en grøn Høj langt herfra,
   En stor Stads Port helt nær,
Hvor Herren, Jesus, korsfæst' var,
   At frelse os og Hver.

   Kor: O, højt, ja højt han elsket os,
         Vi maa ham have kjær,
      . Tro paa hans Blod til Frelse blot,
         Hans Gjerning gjøre her.

2. Hvad Smerte, som han der udstod,
Forstaa vi ej og ved;
Vi tro dog, at det var for os,
Han hængte der og led.

3. Tilgivelse vi faa ved ham,
Hans Død vor Sag gjør god;
Vi frelst til Himlen komme kan
Ved hans udøste Blod.

4. Blot han betaler Syndens Skyld,
Og letter sorgfuldt Sind;
Blot han kan aabne Himlens Port
Og lukke os derind.

---

274. Evigt hos min Jesus der.

Mel. In my Fathers house there is many a room.
(G. H. 3—53.)

I min Faders Hus er der meget Rum,
Og min Herre hengaaet er
Berede mig En Plads hos sig,
Jeg være skal hos ham der.

Kor: :,: Evigt hos min Jesus der; :,:
Hvad Naade dog! Han mig antog,
Jeg være skal hos ham der.

2. I min Faders Hus er der evig Dag,
Og ej Sorg og Suk der er,
Ej Taarer mer, Ej Synd er nær,
De ved, som er hos ham der.

3. I min Faders Hus er ej Mangel kjendt,
 Der ej Bøn er frembragt mer.
Hvad kan vi naa, Hvad mere faa,
 Da vi ere hos ham der?

4. I min Faders Hus er ej Døden mer,
 Thi der Livet evigt er;
Alt Ondt er flyet, Alt bleven nyt,
 Thi vi ere hos ham der.

5. I min Faders Hus er de Hellige,
 Som der ham og lige er;
Det er især Dem hjertekjær,
 At de ere hos ham der.

275. Ti Tusinde Gange ti Tusind.
(Aab. 5, 11.)

Mel. Ten thousand times ten thousand. (G. H. 3—54.)

Ti Tusind' Gang' ti Tusind'
 I Straale-Klædebragt,
Den frelste Skare Herren har
 Til Lysets Rige bragt,
Fuldendet har nu Kampen
 Mod Satan, Død og Synd,
Luk vidt op Perleporten, og
 Lad Helteskaren ind.

Kor: Halleluja, Halleluja
 Til det slagted' Offerlam,
 Halleluja, Halleluja,
 Al Lov og Pris til ham.

2. Hvad ubeskriv'lig Jubel
   Med himmelsk Gjenlyds Klang,
Hvad Lyd af tusind Harper der
   Ved deres Triumf=Gang!
O, Dag, for hvilken Herren
   Har skabt hver Slægt, ja Alt!
O, Fryd, nu deres Fortids Ve
   Er tusindfold betalt.

3. Og, o, hvad henrykt Hilsning
   Paa Kanaans Strand der er!
Hvad Liven op af Venskab der,
   Hvor Ingen skilles mer!
Hvert Øje fryd'fuldt straaler,
   Før mørkt af Taarers Regn;
Hver Faderløs og Enke der
   Bær Trøstens Glædestegn.

276. Jeg synger glad og fro.

Mel. I feel like singing all the time. (G. H. 3—55.)

Jeg kan nu synge glad og fro,
   Aftørret Taaren er,
Thi Jesus er min Ven og jeg
   Hans Tjener, han har kjær.

Kor: Jeg synger, synger, synger glad og fro,
      Synger, synger, synger glad og fro.

—(291)—

2. Da jeg for min Synd først ham saa
   Paa Korsets Træ med Tro;
Stærk Angers Taarer faldt, men nu
Jeg synger glad og fro.

3. Naar Fristelser anfalde mig,
   Jeg finder hos ham Ro;
Og skjøndt tidt Taarer bryde frem,
Jeg synger glad og fro.

4. Beretningen om det Guds Lam
   Udbred nu glad med Tro
Til andre, med den nye Sang
Gaa, syng blot glad og fro.

---

277. **Min.**

Mel. Mine! what rays of glory bright. (G. H. 3—56.)

Min! Se Naadens Straaleflod
Gav Guds Løfter Klarheds Skin;
Jesus Lys mig finde lod,
Jeg er hans og han er min.

 Kor: Min, o min, min, o min;
   Jesus Kristus, Gud, min Frelser,
   Jeg er hans og han er min.

2. Min! Guds Løfte ofte læst
   Nu livgivend' Kraft har faaet;
Forhen Kundskab tør, naar bedst,
Nu dets Ild har Hjertet naaet.

3. Min! Guds Løfte sviger ej;
   Mørknes Øjets Lys, jeg ved,
Intet mig, paa Troens Vej,
   Skiller fra hans Kjærlighed.

4. Min! skjøndt Haanden svigter, dog
   Han er stærk og holder mig;
Ved hans Blod jeg vinder, og
   Han mig leder hjem til sig.

5. Min! naar Døden lukker op
   Herlighedens Port saa vidt,
"Mættet jeg der vaagner op,"
   Ham tilbeder; — Alt er mit.

---

278. "Syng og bed!"

Mel. Eternity dawns on my vision. (G H. 3—57.

"Se, Evighed gryer!" Evig Dag er nu
                              nær!
Samles alle til Sang og til Bøn om mig her.
Forhænget bortdrages, se, Skyggernes Nat
Nu bortdrives ved Dagslysets Komme saa
                              brat.

Kor: Halleluja, Halleluja, Halleluja! syng her,
    Dødens Braad Jesus tog, Gravens Skræk
                              ogsaa bær';
    Hosanna igjen; glad vor Lovsang nu er:
    "Syng og bed! Se Evighed gryer!"

2. "Se Evighed gryer!" Hvilken Herligheds Glands
Overstrømmer velsignet min undrende Sands!
Henrykt nu et Glimt jeg af Staden hist ser,
Hvor min Krone og Bolig mig ventende er.

3. "Se Evighed gryer!" Og al Dunkelhed gik,
Nu jeg nærmer mig Porten, opklares mit Blik;
Al Mørke svandt bort, da mit Lys ret brød frem;
Tøv dog ej, o, min Frelser, kom snart, tag mig hjem.

4. "Se Evighed gryer!" Jorden svandt for min Sjæl;
Kjære, græder dog ej; Alt er godt, — o, Farvel!
Jeg hviler i Jesus, hans Blod er min Grund;
Gud vil sørge for Eder til hver Tid og Stund.

5. "Se Evighed gryer!" jeg er glad jeg har her
Kunnet prædike Jesus, som var mig saa kjær.
Mig Jesus er Alt, nu til ham gaar jeg hen;
Maa hans Naade I have for evigt! Amen!

279. **Hvor er min Søn idag?**

Mel. Where is my wandering boy to night?
(G. H. 3—58.)

Hvor er min tabte Søn idag;
 Min, o, saa ømt elskte Søn;
Min Fryd under Hjemmets kjære Tag,
 En Gjenstand for Hjertets Bøn?

Kor: :,: O, hvor er min Søn idag? :,:
  Mit Hjerte brænder, jeg elsker ham højt;
  O, hvor er min Søn idag?

2. Som Morgendug før ren han var
 Og knælte ned ved mit Knæ;
Hans Hjerte var tro, hans Aasyn klar,
 Jeg saa da hans Øje le.

3. O, blot jeg nu saa dig, min Søn,
 Saa ren, som i fordums Tid;
Dit Smil gav til Hjemmet Fryd, saa skjøn,
 Og Livet var sød og blid.

4. Opsøg min Søn for mig, som drog
 Jeg ved ikke selv hvorhen,
Og bring ham til mig, om falmet, og
 Sig ham, jeg ham elsker end.

---

280. **Ikkun for dig.**

Mel. Precious Saviour, may I live? (G. H. 3—59.)

Jesus, lad mig leve her
 Ikkun for dig;

—(295)—

Bruge Alt, mig given er,
    Ikkun for dig.
Aandens dybest' Længsel bliv
    Ikkun for dig,
Sjælens Evner Higen giv
    Ikkun for dig.

Kor: Du, o Jesus, døb for mig,
      Har betalt, og frigjort mig,
      Gjør mig evig lykkelig,
        Ikkun for dig.

2. I min Fryd, min Glæde vær
    Ikkun for dig;
I mit Valg blot vælge her
    Ikkun for dig;
Ydmyg, taalsom Stilhed naa
    Ikkun for dig,
Og med Tak kjær Lindring faa
    Ikkun for dig.

3. Vær mig Taarer, Smil, Alt, helt
    Ikkun for dig,
Vær mig Tidsfordriv udelt,
    Ikkun for dig.
Midt i Striden, Fred du giv
    Ikkun for dig,
Vær min Kjærlighed, mit Liv
    Ikkun for dig.

281. **Det er fuldbragt.**

Mel. Nothing, either great or small. (G. H. 3—60.)

Intet af din Syndegjæld
 Har du afbetalt;
Jesus Alting har gjort vel
 Længe siden alt.

Kor: "Det er fuldbragt!" Gud ske Lov!
 Aabnet Himlens Vej;
Det er Alt, du har behov,
 Synder, er det ej?

2. Da han fra sin Trone hist,
 Nedsteg, lider, dør,
Alt blev fuldbragt helt og vist;
 Mærk hans Raab og hør.

3. Trætte, haardt besværet Sjæl,
 Arbejd selv ej mer.
Bort med Selvhjælp! Alt gjort vel
 Allerede er.

4. Fast til Jesu Værk dig klyng
 Med en barnlig Tro.
"Selvhjælp" er en giftig Ting,
 Bringer Død, ej Ro.

5. Kast den giftig' "Selvhjælp" bort!
 Ned for Jesu Fod!
Staa i ham, retfærdiggjort,
 Ene i hans Blod!

282. Underfuld' Livets Ord.

Mel. Sing them over again to me. (G. H. 3—61.)

Syng dem atter igjen for mig,
 Underfuld' Livets Ord;
Lad deres Skjønhed vise sig,
 Underfuld' Livets Ord;
Kjærligen os føre,
Lær os "tro og gjøre"!

Kor: :,: Yndige Ord, herlige Ord,
 Underfuld' Livets Ord! :,:

2. Kristus giver til hver en Sjæl
 Underfuld' Livets Ord;
Paa hans Kjærligheds Kald mærk vel,
 Underfuld' Livets Ord;
Naadigen os givet,
Lokker os til Livet.

3. Sødt gjenlyder nu Naadens Røst,
 Underfuld' Livets Ord;
Byder Naade og Fred og Trøst,
 Underfuld Livets Ord;
Jesus kjærlig leder,
Helliggjør og freder.

---

283. O, salige Fryd være der.

Mel. We speak of the land of the blest. (G. H. 3—62.)

Vi tale om Himmelens Land,
 Saa herlig, saa lys og saa kjær;

Blot Tanken henrykke os kan;
O, salige Fryd være der!

Kor: :,: Være der, være der,
O, salige Fryd, være der! :,:

2. Vi tale om Gader af Guld,
En Mur, som juvelsmykket er,
Af Undre og Glæder helt fuld,
O, salige Fryd være der!

3. Vi tale om Fred der og Fryd,
Og Klæder de Hellige bær',
De Saliges Jubelsangs Lyd;
O, salige Fryd være der!

4. Vi tale om Frihed fra Synd,
Fra Sorger og Fristelser der,
Fra Prøver for Sjæl og for Sind;
O, salige Fryd være der!

5. O, Herre, i Glæde og Ve
For Himlen bered du os her,
Da snart vi skal kjende og se
Og føle, hvor sødt være der.

284. Har du noget Rum for Jesus?

Mel. Have you any room for Jesus? (G. H. 3—63.)

Har du noget Rum for Jesus,
Han, som bar din Skam og Synd?
Nu han banker, vil indlades,
Synder, Synder luk ham ind!

Kor: Rum for Jesus, Ærens Konge,
Il, og nu hans Ord adlyd!
Opluk Hjertets Døre vide,
Mens du kan, ham glad indbyd.

2. Rum for Verdens Lyst og Higen,
Men for Jesus ingen Sands;
Intet Rum, hvor han kan være
I det Hjerte, som er hans.

3. Har du nogen Tid for Jesus?
Hør hans Kald! gaa ej din Vej!
O, idag er Tid modtage,
Men imorgen maaske ej.

4. Rum og Tid nu giv til Jesus,
Naadens Tid snart borte er;
Snart dit Hjerte, koldt og stille,
Hør' ej Jesu Beden mer.

285. Der er Arbejde for os begge.

Mel. Our Master has taken his journey. (G. H. 3—64.)

Vor Mester har tiltraadt sin Rejse
Til et Land, som langt borte er,
Og har given os vogte sin Vingaard,
Og arbejde for ham blot der.

Kor: Der er Arbejd' for mig og dig, det mærk,
Og nok for begge af os hver Dag;
Ja, en Gjerning for mig og dig især,
Og nok for begge af os hver Dag.

—(300)—

2. I den "liden Stund", som vi vente
   Og arbejde og vaage her,
Vi maa fylde den Plads han har givet,
   Om den stor eller lille er.

3. En Ting vi alene skal søge,
   Her at finde vor Gjerning blot;
Og saasnart den er funden, den gjøre
   Ved Guds Naade, ret, tro og godt.

4. Vor Mester vil vissselig komme,
   Og da Regnskab aflægges maa;
Skal vi da regne Sorg eller Møje,
   Blot den Dom der: "Vel gjort" vi faa.

---

286. **Jesus, ikkun Jesus.**

Mel. Be our joyful song to day. (G. H. 3—65.)

Her vor Glædes Sang blot vær:
   Jesus, ikkun Jesus.
Han vor Syndeskyld blot bær',
   Jesus, ikkun Jesus.
Navn, velsignet, kjær og blid,
Vær vor Fryd, vort Haab altid,
Vær vor Styrke i al Strid,
   Jesus, ikkun Jesus.

2. Bort fra Gud vi vandret om,
      Kjendte ikke Jesus;
   Gik paa Vejen nedad, som
      Leder bort fra Jesus,

Til Guds Aand os bøjed' og
Jesu Aag vi os paatog
Og ham fulgte, som os drog,
  Jesus, ikkun Jesus.

3. Vær vor Trøst og Skat ved Tro,
  Jesus, ikkun Jesus;
Indgang til hin evig' Ro,
  Jesus, ikkun Jesus.
Her paa al vor Pilgrimsgang,
Hist, frigjort fra Sorg og Trang,
Du er Gjenstand for vor Sang,
  Jesus, ikkun Jesus.

---

287.   **Paradis.**
(Luk. 23, 43.)

Mel. How sweet the word of Christ, the Lord.
(G. H. 3—66.)

Hvor søde Jesu Ord dog er,
 Da han paa Korset dør,
Han Hjertets Længselssukke der
 Om Paradis, bønhør'.

 Kor: Hør din Jesu Ord til dig:
  Kom til Paradis med mig,
  Sku til mig i Tro og bit
  Da er det Liv, jeg giver frit.

2. Hin Røver, som henvendte sig
 Til ham med ydmyg Bøn,
Blev hørt, med sit: "O, tænk paa mig,
 I Paradis, Guds Søn."

3. Fordømt af hver og uden Ven,
Du gjorde vel hans Sag,
O, Jesus, med dit Ord: "Gaa hen
J Paradis idag."

4. Skjøndt Synder slet som hin, idag
Til Jesus fly, vær vis,
O, tro hans Ord og nu modtag
Et Liv i Paradis.

288. Vær glad med mig.

Mel. Rejoice with me for now I'm free. (G. H. 3—67.)

Vær glad med mig, Nu er jeg rig
Og glad ved den ny Gave
Gud sendte ned; Hans Kjærlighed
J fuldt Maal kan jeg have.

Kor: Jeg Jesus dig, Udvalgte mig,
Dit Kors min Fryd skal være
J Livet her, Og hisset der
Jeg synger dig til Ære.

2. Fra Synd og Men Du gjør mig ren,
Fordømmelsen borttager;
Ved Tro, igjen Jeg dagligen
Fri Frelses Naade smager.

3. J Kristus blot Jeg lever godt,
Stor Fryd han gav for Sorgen.
Hvad Herlighed! Jeg ser og ved
Mit Liv i ham forborgen.

4. Forkynd til hver Hans Navn især,
Gjentag det atter, Kjære!
Til Arbejdstid Skal endes blid
I Himlen og dens Ære.

---

289. Vi sejre snart og vel.

Mel. The prize is set before us. (G. H. 3—68.)

Der kan en Krone vindes;
Ved Guds Ord vi paamindes,
Den blot i Himlen findes,
   Ikkun der.
Nu Gud os kalder kjærlig,
Til denne Løn saa herlig
At vinde tro og ærlig;
   Han er nær.

Kor: :,: Snart og vel, Frelst vi er der;
Snart og vel, Kronen bær' der
Og med Jesus skal regjere
Snart og vel. :,:

2. Vi følge ham, som Leder,
Vi hvile hvor han freder
Og hvor han Bord bereder,
   Ikkun der.
Ej Kjærlighed faar Ende;
Vort Haab skal klarer' brænde,
Vi Troens Kraft skal kjende,
   Han er nær.

3. I Hjemmet Gud os dækker,
Al Fryd i Sjælen vækker;
Os Jesus Kronen rækker
    Ikkun der.
Vi ville tro begynde,
Hans Lov og Pris forkynde,
Og os bestandig minde:
    Han er nær.

290.   Jeg nu tror paa dig.

Mel. I am trusting Thee, Lord Jesus. (G. H. 3—69.)

Jeg nu tror paa dig, o Jesus,
  Tror nu kun paa dig,
Tror paa dig for Liv og Frelse
    Fri og rig.

2. Jeg nu tror paa dig for Naade,
    Knæler ved din Fod;
Thi jeg ved du er barmhjertig,
    Øm og god.

3. Jeg nu tror paa dig for Rensning
    I din Purpurflod;
Tror du vil mig helliggjøre
    I dit Blod.

4. Jeg nu tror paa dig som Leder
    Paa min Pilgrimsvej;
Du mig dagligen forsørger,
    Svigter ej.

5. Jeg nu tror paa dig for Styrke
Til at fremad gaa;
Ord, som du mig selv vil give,
Vinde maa.

6. Jeg nu tror paa dig, o Jesus,
Som har Alt betalt;
Jeg nu tror paa dig for evigt
Og for Alt.

---

291. God Tidende her er for dig.

Mel. Good news from heaven, good news for thee.
(G. H. 3—70.)

God Tidende her er for dig,
Tilgivelse nedflyder rig
Til arme Syndre, ved det Blod
Guds Søn udøste, Naadens Flod.
Din Gjæld betalte han for dig,
Ved Korsets Død den tog paa sig;
Han bar Guds strenge Vrede, da
Han led for dig paa Golgatha.

Kor: God Tidende her er for dig,
Tilgivelse nedflyder rig
Til arme Syndre, ved det Blod
Guds Søn udøste, Naadens Flod.

2. God Tidende her er for dig,
Din Frelser raaber: "Kom til mig,

Hver, som besværet, angstfuld er;
Kom, trætte Sjæl, faa Hvile her."
Han elsker dig saa inderlig,
Han hør' din Bøn og hjælper dig;
Den grønnest' Eng dig bringer til
Med Hyrde=Omhu lede vil.

3. God Tidende her er for dig,
Dets kjære Lyd gjentager sig.
Højt vort Hosanna klinge skal
Blandt Herrens Folk i Himlens Sal:
Pris dig, Guds Lam, dit Blod har bragt
Os mer end jordisk Konges Magt!
Du, som vor Straf i vort Sted led,
Regjerer i al Evighed.

---

292. **Aftensang.**

Mel. Saviour, breathe an evening blessing. G. H. 3—71.

Frelser, du din Fred nedsende,
   Før til Ro vi hengaaet er;
Synd og Mangler vi bekjende;
   Du kan frelse, læge Hver.

2. Skjønt Fordærvelse sig nærmer,
   Pileskud os truer her,
Englevagt fra dig beskjærmer,
   Vi er' sikkre, er du nær.

3. Er vor Nat end mørk vi kjende
    Mørket ej kan hindre dig,
Du tro vaager, Hjælp vil sende,
    Hvor dit Folk befinder sig.

4. Om i Nat os Døden rækker,
    Sengen bliver os vor Grav,
Morg'nen os i Himlen vækker
    Til den Skat, som du os gav.

---

293. **Priser højt Jesus.**

Mel. Sound the high praises of Jesus our King.
(G. H. 3—72.)

Priser højt Jesus, vor Konge saa kjær,
Han kom og han vandt, syng ham Sejers=
                                sang her!
Brudt er nu Djævelens Magt og han bunden
Og Døden og Graven besejredes vel,
De kan ej rose sig, Herren har vunden,
Og Jesus har sagt, han kan frelse hver
                                Sjæl.

Kor: Priser højt Jesus vor Konge saa kjær,
        Han kom og han vandt, syng ham Sejers=
                                sang her.

2. Pris højt Sejrherren, vor Jesus paa
                                Jord!
Se Fjenderne skjalv stærkt ved hans Kraftes
                                Ord.

Himlen af Frydsjubel stod som i Luer,
Saasnart han fortalte sin Sejr for dem der.
Ned fra sin Trone han kjærligen skuer,
Og frelser de Faldne, som tro paa ham her.

---

294. **Ilende fremad.**

Mel. This is the day of toil. (G. H. 3—73.)

Det er her Møjens Dag,
 Vi føle Byrden, og
Det er en Dag for Troskab, men
 Snart Hvilen kommer dog.

Kor: :,: Halleluja, Halleluja!
 Der er Hvile os beredt. :,:

2. Vi skaane ej os maa
 I Livets korte Dag,
Ej frygtsom fejg os vende bort,
 Ej tøve med vor Sag.

3. Fremad vi trænge os,
 Vor Rejse opad gaar
Den samme Vej, som Mest'ren gik,
 Hvad Rygte vi end faar.

4. Om Vejen møjsom er,
 Vor Træthed tager til,
Vi ile mer, thi Eden er
 I Fred, — vi naa den vil.

295. Der er Fryd iblandt Guds Engle.

Mel. There is joy among the angels. (G. H. 3—74.)

Der er Fryd iblandt Guds Engle,
　Naar der Frugt ses af Guds Ord,
Naar her Angers Taarer flyder,
Og en Sjæl Guds Kald adlyder,
:,: :,: Følger Jesus, paa ham tror. :,: :,:

Kor: Der er Fryd (glad Fryd), O, der er Fryd
　　　　　　　　　　　　　(glad Fryd),
　　　Fryd, som aldrig siges kan,
　　　Naar en Sjæl, som bort er vandret,
　　　Kommer hjem fra Trældoms Stand.

2. Der er Fryd iblandt Guds Engle,
　Naar en Synder vender om,
Naar den bort fra Synden drager,
Jesu Kjærlighed modtager,
:,: :,: Frelses helt fra Synd og Dom. :,: :,:

3. Der er Fryd iblandt Guds Engle,
　Glad de hæve deres Røst,
Og høj Pris sig glad opsvinger,
Naar Guds Høstfolk glade bringer,
:,: :,: Kostbar' Nege fra hans Høst. :,: :,:

296. **Over det store Hav.**

Mel. Over the ocean wave. (G. H. 3—75.)

Over det store Hav,
　I fremmed Land,
Hedninger der for Dag
　Vente blot kan;
Mørk, i Uvidenhed
　Famlende frem,
Den kjære Bibel ej
　Lyser for dem

Kor:　Ynk dog dem, ynk dog dem,
　　　Kristne Folk her!
　　Il did med Livets Brød,
　　　Bring dem det der.

2. Her i det skjønne Land
　Lyset vi har,
Skinnende fra Guds Ord,
　Fri, ren og klar.
Skal vi ej sende dem
　Nu snart engang,
Lærere, Bibler, Alt?
　De er' i Trang.

3. Mens Missionæren da
　Bringer godt Bud,
Hør hvor hin Hedningflok
　Glad bryder ud:

"Over det store Hav
Ile de frem,
Bringe os Livets Brød,
Lede os hjem."

297. Erindringer fra Jorden.

Mel. When we reach our Father's dwelling.
(G. H. 3—76.)

Naar vi naa vor Faders Rige
 Hist i Lyset, hvor han bor,
Naar til ham der Pris skal stige,
 Som opfylder Himmel, Jord,
Skal vi mindes da vor Smerte,
 Skrækken, Angsten vi var i,
Da Gud drog vort arme Hjerte
 Og vor Fod fra Syndens Sti?

Kor: Ja, vi vist skal Alt erindre,
  Kjærligheden dog især,
  Som ej noget kunde hindre,
  Som har frelst og bragt os der.

2. Naar hver Fare, Kamp og Møje
 Lykkelig en Ende har;
Jesu Skjønhed for vort Øje
 Glimrer ret, som Solen klar,
Skal vi da i Minde bære
 Smerten, Sorgens Taareflod,
Da vi søgte her hans Ære,
 Tvivl og Frygt her stred imod?

3. Al den Vej, han os omfred'te,
   Al taalmodig Kjærlighed,
Hvormed han os lærte, ledte,
   Vi da mindes, ser og ved.
Der hans Ro mer søb vil smage
   Tænke vi, hvor træt vi var;
Naar vi mindes skyfuld Dage
   Er hans Lys os mere klar.

---

298. Skal jeg gaa did hel tomhændet? *)

Mel. Must I go and empty handed. (G. H. 3—77.)

Skal jeg gaa did hel tomhændet,
   Saa min Frelser møde der?
Ej en Dag har tjent ham trolig,
   Ej et Sejerstegn frembær'?

Kor: Skal jeg gaa did hel tomhændet?
      Skal jeg møde Jesus saa?
      Ej en Sjæl til ham medbringe,
      Skal jeg hel tomhændet gaa?

2. Ej for Døden nu jeg ængstes,
      Thi min Jesus frelser mig;
   Men tomhændet gaa, den Tanke
      Smertelig paatrænger sig.

---

*) Efter blot en Maaned af kristeligt Liv, mestendels paa Sygesengen, laa en ung Mand bøende. Pludselig saas et Sørgmodigheds Udtryk paa hans Ansigt, og paa Spørgsmaal af en Ven udbrød han: "Nej, jeg er ikke ængstelig, Jesus frelser mig nu, men ak, skal jeg gaa did tomhændet?"

3. O, de Aar i Synd henlevet,
    Kunde de gjenkaldes mer,
Jeg til ham dem vilde give,
    Hans tro Tjener være her.

4. Jesu Folk vaagn op for Alvor,
    Arbejd tro, mens Dag det er.
Før dig Dødens Nat vil dække,
    Kæmp for Sjæles Frelse her.

299. Til dig jeg klynger mig.

Mel. My sin is great, my strength is weak. G. H. 3—78.

Min Synd er stor, min Styrke svag,
    Min Vej af Snarer fuld;
Men du, o Jesus, død for mig,
    Vil høre Bønner huld.

   Kor: Til dig, til dig, Korsfæstede,
        Mit Forsvar, blot til dig,
     I Tro paa Løftets faste Ord,
        Til dig jeg klynger mig.

2. Mørk Verden er foruden dig,
    Jeg vender mig fra den,
Modtage vil din Kjærlighed,
    Mit Liv, mit Lys, min Ven.

3. Her Fristelser anfalde tidt
    Mit Hjerte, ængst'ligt, svagt,
Men dine Løfter altid da
    Har Styrke til mig bragt.

4. Kundgjør din Villie for mit Sind,
   Opklar mit Syn, lad mig
Arbejde trolig for dig her,
   Og hisset prise dig.

300. Den fundne Perleskat.

Mel. I've found the pearl of greatest price. G. H. 3—79.

Jeg fandt den store Perleskat,
   Mit Hjerte frydfuldt er,
Jeg synge maa, thi han er min,
   Min Jesus, hjertekjær.

   Kor: Jeg fandt den store Perleskat,
          Mit Hjerte frydfuldt er,
          Jeg synge maa, thi han er min,
          Min Jesus, hjertekjær.

2. Han min Profet er, som til Lys
   Og Sandhed har mig bragt,
Min Præst i Himlens Helligdom,
   Min Konge, med stor Magt.

3. Han Herrers Herre er forvist
   Og Kongers Konge stor;
Han er Retfærdighedens Sol,
   Min Læge her paa Jord.

4. Han er min Fred, er død for mig,
   Og renser i sit Blod,
Mit Offer, som er bragt til Gud,
   Og som min Sag gjør god.

5. Min Jesus er mig Alt i Alt,
   Min Trøst og Kjærlighed,
Mit Liv, min Fryd, og blive skal
   Min Krone hist, jeg ved.

301. Svag, men dog ilende.

Mel. Faint, yet pursuing. (G. H. 3—80.)

"Svag, men dog ilende" fremad glad
Op til den herlige, gyldne Stad,
Følgende ham, som foran er gaaet,
Paa denne Vej, til mit Maal er naaet.

Kor: "Svag, men dog ilende," trættet ej,
   Paa den blodmærkede, visse Vej,
   Styrk og bevar os, o Frelser, Ven,
   Ilende stedse mod Maalet hen.

2. "Svag, men dog ilende," hvor det er,
Han, som sig offret, er død for Hver,
Lad dem da komme en Skare stor,
Være hans Banner med Sang paa Jord.

3. "Svag, men dog ilende" frem til Strid
Under Korsfanen til Aft'nens Tid;
Er her end Skyerne mørke, vist
Sorg, Ve og Suk skal bortfly tilsidst.

4. "Svag, men dog ilende;" Øjet her
Gjennem hver Sky Morgenstjernen ser,
Kastende Straaler at lede frem,
Visende Vej til det glade Hjem.

302. Kom hid, Enhver som tørster.

Mel. Beside the well, at noontime. (G. H. 3—81.)

Ved Brønden, dybt bedrøvet,
 En siger: "Vand mig giv,
Som levende fremvælder,
 At drikke og faa Liv;
Vor Brønd er dyb, o Pilgrim,
 Men dybere min Nød;
For evigt Liv jeg tørster,
 Guds Gave, kjær og søb."

Kor: Kom hid, Enhver som tørster,
 Og Livets Vand kjøb her;
 Velsignet Sjæl, som hungrer,
 Tag, æd, og dø ej mer.

2. Hist ved Bethesda Vande
 Jeg hør' et Klageskrig:
"Ej Hjælp, ej Haab der findes
 For En, saa svag som mig."
Ophør med Sørgeklagen,
 Guds Ord dig Trøst frembær,
Til Naadens Hus dig vende,
 Her Kristus Kilden er.

Kor: Her er den store Læge,
 Helbreder syndsyg Sjæl;
 "Staa op og gaa," han siger,
 "Din Tro har gjort dig vel."

3. Til Hungrende paa Bjerget
   Han gik og Brødet brød;
Det Sandhed er han siger:
   "Jeg er det Livets Brød."
Han, Himlens eget Manna,
   Gjør Sjælen sund og stærk;
Naar vi i Tro ham nyde,
   Vi leve evigt, — mærk!

Kor: Kom hid, Enhver som tørster,
      Og Livets Vand kjøb her;
      Velsignet Sjæl, som hungrer,
      Tag, æd, og dø ej mer.

---

303. Paa Jordans stormfulde Strand.

Mel. On Jordans stormy banks I stand. (G. H. 3–82.)

Jeg staar paa Jordans stormfuld' Strand
   Og ser med Længselsblik
Til Kana'ns skjønne, glade Land,
   Hvor Ejendom jeg fik.

Kor: Vi faa Hvile i dette skjønne Land (snart
                                           og vel)
      Foran os, med dets eviggrøn' Strand,
      Synge der Moses og Lammets Sang,
                                    Snart og vel,
      Og bo hos Jesus evigt der.

2. Paa disse store Sletter der
    Er evig Dag, saa klar,
Hvor Jesus selv Regenten er,
    Han Nat bortdreven har.

3. Naar skal jeg naa den glade Stad
    Og nyde Frydens Lyst,
Min Faders Ansigt skue glad,
    Og hvile ved hans Bryst?

4. Did ønsker længselsfuldt at gaa
    Mit glad henrykte Sind;
Skjøndt Jordans Vande rundt mig slaa,
    Jeg frygtløs gaar derind.

304. Staa fast til Jesu Dag.

Mel. O land of rest for thee I sigh. (G. H. 3—83.)

O, Hvilens Land jeg sukker for,
    Naar kommer Dagen kjær,
Jeg i din Fred for stedse bor,
    Min Rustning bortlagt er?

Kor: :,: :,: Staa fast til Jesu Dag, :,: :,:
    Da vunden er din Sag.

2. Ej rolig Fred paa Jord jeg saa,
    En Tumleplads den er,
En Ørken blot, hvor Sorger naa;
    Mit Hjem er ikke her.

3. Til Jesus fly'r jeg hen for Ro,
   Omvankende ej mer;
Jeg læner mig til ham i Tro,
   Han min Vejleder er.

4. Paa Jesu kjære Kald forlod
   Jeg Syndens vilde Spor.
Han hjælper gjennem Dødens Flod,
   Og snart jeg hos ham bor.

---

305. **Beskuelsernes Land.**

Mel. I've reached the land of corn and wine.
(G. H. 3—84.)

Naa't er det Land med Korn og Vin,
Hvis store Rigdom frit er min;
Her straaler Dag foruden Sky,
Min Nat er borte, hver Ting ny.

Kor: Beskuelsernes søde Land,
     Fra dine Bjerge øjnes kan,
     Bort over Tidens stormfuld' Hav,
     Det kjære Hjem, som Gud mig gav,
     Jeg skuer alt dets lyse Strand,
     Mit rette, elskte Fædreland.

2. Her vandrer Jesus om med mig,
Vi har sødt Samfund, lykkelig;
Saa ømt han her mig lede kan
I dette Himlens Grændseland.

3. Sød Vellugt Vinden hid har bragt
Fra Træ'r i evig Foraars Pragt;
Vi Blomster, som ej visne, har,
Bragt hid fra Livets Flod, saa klar.

4. Her flyder frem mod os saa fri
Sød Lyd af himmelsk Melodi;
Henrykt vi lytte paa vor Gang
Til Himlens Hæres glade Sang.

---

306. Jeg, en Pilgrim.

Mel. I'm a pilgrim, and I'm a stranger. (G. H. 3—100.)

Jeg, en Pil'grim, er her en Fremmed,
Jeg kan tøve, jeg kan tøve blot en Nat;
Ophold mig ikke, thi jeg maa ile
Til Livets Land, der at finde Hvile;

Kor: Jeg, en Pil'grim, er her en Fremmed,
      Jeg kan tøve, jeg kan tøve blot en Nat.

2. Der i Staden, hvorhen jeg vandrer,
Min Forløser, min Forløser Lyset er,
Der er ej Sorger, bortfly't er Nøden,
Aftørret Taaren, afskaffet Døden.

3. Solens Straaler, der evigt skinne,
Hjertet længes, Hjertet længes være der;
Det Land jeg færdes her i er farlig,
Jeg er tidt træt og forvildes snarlig.

4. Hulde Hyrde, min tro Ledsager,
Styrk og hjælp mig, styrk og hjælp mig altid
her.
I Fristelser og i hver en Fare
Vær nær og led mig, og tro bevare.

---

307. Han ved.

Mel. I know not what awaits me. (G. H. 3—86)

Jeg ved ej, hvad mig venter,
 Gud dækker Øjet blidt;
Men naar jeg fremad gaar, jeg ser
 Ny Scener ved hvert Skridt;
Og hver en Fryd, han sender mig,
 Forundrer mig saa tidt.

Kor: Jeg følger hvor han leder,
 Da har jeg stille Fred,
:,: Og synger da frimodig og
 Tilfreds: "Han ved, han ved!" :,:

2. Et Skridt jeg for mig skuer,
 Jeg ej behøver mer;
For Himmellysets Klarhed fly'r
 Vor Jords Forvildelser;
Og ømt og blidt i Stilheds Ro
 Han siger: "Følg mig her."

3. Velsignet Visdoms Mangel!
 Hvor godt her ej forstaa!

Han holder mig fast ved sin Haand,
  Jeg ene ej skal gaa;
Han trøster blidt min bange Sjæl;
  Ej Mørket skal mig naa.

4. Jeg gaar og Intet kjender;
  Det allerbedst dog er;
Selv Mørket bliver Lys, blot han
  Mig bliver ikkun nær;
Jeg hel're gaar med ham ved Tro
  End eensom, naar jeg ser.

308. Naar vi naa hjem.

Mel. When we get home, from our sorrow and care.
(G. H. 3—87.)

Naar vi naa hjem fra hver Smerte og Sorg
  Til Englenes Land og vor Skat,
Hvilket kjært Møde paa Himmelens Borg,
  I hint Land uden Skygger og Nat.
Smerte og Synd og hvert Suk er forbi,
  Naar vi gjennem Gravens Port gaa;
Skræk og Besvær, Vi forlade skal her,
  Og vi Hvile i Hjemmet da faa.

Kor: Naar vi naa hjem, o, naar vi naa hjem
   Til Himlens Land saa kjær,
   Pris synge vi Til Jesus der i
   Den frelste og herlige Hær.

2. Naar vi naa hjem til vor Bolig hist der
   Med Kjære, gaaet foran did hen,
Hvo kan udsige den Fryd, som det er,
   Evigt glædes der med hver en Ven!
Saliges Fryd og Forløserens Smil
   Og Elskedes Haandtryk saa kjær,
Findes for os Og vi skal da derhos
   Evigt nyde vor Salighed der.

3. Naar vi naa hjem, paa hin Morgen saa
                                   blid,
   Da ud fra den gyldne Stad vil
Engle fremile, at hente glad did
   Jesu Faar, de som høre ham til;
Er du da der, Broder, frelst, fri og glad?
   O, eller fortabt og forladt?
Hvad vælger du? Jordens Glæder blot nu?
   Eller Himlen, dens Ro og dens Skat?

309. "Kom."
(Mat. 11, 28.)

Mel. Oh, word of words, the sweetest. (G. H. 3—88.)

O, Ordets Ord, det sødest',
   O, Ord, hvori er skjult
Al Hem'lighed, al Løfte;
   Af Trøst hel overfuldt!
Bedrøvet eller glædet,
   Er Tvivl og Skræk nær, end
Jeg hør' hans "Kom", min Jesus,
   Og flyr til Korset hen.

Kor: :,: Kom, o kom til mig,
 Kom, o kom til mig
 Træt og haardt besværet,
 Kom, o kom til mig. :,:

2. O, Sjæl, vil du bortvandre
 Fra saadan Ven, saa kjær?
Klyng nærmere dig til ham,
 Vær hans og bliv ham nær.
O Ve, jeg er saa hjælpløs,
 Saa fuld af Synd tidt gaar;
Jeg vandrer bort saa ofte,
 Igjen da komme faar.

3. Hver Gang o nærm dig mere,
 Saa "Kom" behøver her
Blot være stille Hvisken
 Til En dig nær, helt nær;
Da over Hav og Bjerge,
 Hvor jeg end færdes om,
Din Haand jeg tager, følger
 Din søde Hvisken: "Kom!"

---

310. Ei Halvt nogentid er sagt.

Mel. I have read of a beautiful city. (G. H. 3—89.)

Jeg har læst om en Stad, o saa yndig,
 Hvor Gud bor, af hans Herlighed fuld,
Om dens Mure af krystalklar Jaspis,
 Om dens Gader af reneste Guld,

Midt i den, sølvklar Livsfloden rinder,
  Lig Krystal, som har Lægedom bragt,
Men ej Halvt om hin Stad, skjøn og herlig,
  Til Dødelige her er sagt.

Kor: :,: Ej Halvt nogentid er sagt, :,:
      Ej Halvt om hin Stad, skjøn og herlig,
      Til Dødelige her er sagt.

2. Jeg har læst om en Bolig i Himlen,
    Smykket herligt af Jesus, bered'
For de Hellige, Trofaste, Rene,
    Hvor de evigt bo hos ham i Fred.
Aldrig kommer der Synd eller Døden,
    Ingen ældes der, Sorg er nedlagt,
Men ej Halvt om den Fryd, som dem venter,
    Til Dødelige her er sagt.

3. Jeg har læst om hvid, skinnende Klæd=
                                   ning,
    Og om Kroner, Retfærdige bær',
Naar vor Fader dem byder: "Kom hid op
    Og min Æres Deltagere vær!"
Hvor de Herlige, lysklædt, med Jubel
    Mer Velsignelse daglig har smagt;
Men ej Halvt af de Undre der findes
    Til Dødelige her er sagt.

4. Jeg har læst om en Jesus og Naaden,
    Som besmittede Syndre kan faa,

Syndsforladelse, Renselse, Hvile,
  Om de til ham i Tro vil hengaa;
Hvor han trofast beskytter og vogter
  Dem ham følge, som bær' Korsets Dragt,
Men ej Halvt om hans Godhed og Naade
  Til Dødelige her er sagt.

---

311. Vil du komme hjem idag?

Mel. Are you coming home, ye wand'rers?
(G. H. 3—90.)

Vil du komme hjem, Vildfarne?
  For dig er Jesus død;
Du er elendig, saaret,
  Syndsmittet og i Nød.
Vil du søge renset blive
  I Jesu Blod, saa tag
Nu din Tilflugt til ham ene;
  Vil du komme hjem idag.

Kor: :,: Vil du komme hjem idag? :,:
      Vil du komme hjem til Jesus,
        Ej mer søge Selvbehag?
      :,: Vil du komme hjem idag :,:
      Til din Fader, som dig elsker,
        Vil du komme hjem idag?

2. Vil du komme hjem, Fortabte?
  Se, Jesus venter her!
Kom, tøv ej længer, kom dog
  Før det forsildig er!

Vil du lade ham dig frelse,
  Antage sig din Sag?
Vil du komme, mens han kalder?
  Vil du komme hjem idag?

3. Vil du komme hjem, du Arme,
  Hel fuld af Skyld og Synd?
Du længe stod derude,
  Kom nu og vov dig ind.
Vil du lyde Jesu Kalden?
  Din Tilflugt til ham tag;
"O, kom hid til mig," han siger;
  Vil du komme hjem idag?

312. Hvor er din Tilflugt?

Mel. Say, where is thy refuge, poor sinner?
(G. H 3—91.)

Sig, hvor er din Tilflugt, o Synder?
  Hvad Ende vil Alt for dig faa?
Hvi søge her Skatte, som ville
  Fordærves, fortæres, forgaa?
O, tænk paa din Sjæl, som for evigt
  Skal leve, naar du er ej her,
Naar du er forglemt her i Støvet,
  Og Jordglæder fryde ej mer.

Kor: Det gavner dig Intet,
    men Alt er tabt hel',
  :,: Om Verden du vandt,
    men dog tabte din Sjæl. :,:

2. Dig Mesteren kalder, o Synder,
   Med Kjærligheds Stemme, for at
Her føle Tilgivelsens Glæde,
   I Himlen at have din Skat.
O, knæl ned ved Korset, hvor Jesus
   Dyrt kjøbte din Sjæl, ham saa kjær;
Barmhjertigheds Arm vil dig holde,
   Som mægtig at frelse end er.

3. Mens Naadens Vaar svinder, o Synder,
   Omvend dig; snart Som'ren og gaar;
Guds Godhed dig frit end tilbydes,
   Men Naadens Tid Ende snart faar.
Forkast ej Advarslen, gjentaget,
   Mens sollyse Dage du har,
Og sig ej, naar Høsten er endet:
   Ej Een for min Sjæl Omsorg bar.

313. Klart vort Banner skinner.

Mel. Brightly gleams our banner. (G. H. 3—92.)

Klart vort Banner skinner,
   Vinker at gaa frem;
Vandrerer det viser
   Opad til vort Hjem.
Rejsende i Ørk'nen,
   Vi vort Manna faar;
Hjerterne forenet
   Vi mod Himlen gaar.

Kor: 'Klart vort Banner skinner,
Vinker at gaa frem;
Vandrever det viser
Opad til vort Hjem.

2. Jesus, Mester, Herre,
Her, ned for din Fod,
Dine Børn forsamles,
Prise højt dit Blod.
Tidt vi er forvildet,
Tidt dig følger ej;
Vogt os, stærke Frelser,
Paa den trange Vej.

3. Du os hver Dag lede,
Paa den Vej vi gaa;
Over hver en Fjende
Lad os Sejer faa.
Vogt, bevar os kjærlig
I hver stormfuld Tid;
Tilgiv os, og frels os
Midt i Dødens Strid.

4. Da med Herliggjorte
Vi skal samles vist,
Bringe Lov og Ære
For hans Trone hist.
Naar vort Værk er fuldendt,
Fred og Ro er der.
Jesus, i sin Skjønhed,
Sejrens Pris frembær'.

314. **Jeg elsker dig Jesus.**

Mel. My Jesus I love thee I know. (G. H. 3—93.)

Jeg elsker dig, Jesus, jeg ved du er min,
Forsager Synds=Daarskab aldeles, som din.
Min naadige, trofaste Frelser er du;
Om jeg dig har elsket højt, saa er det nu.

2. Jeg elsker dig, thi du først elskede mig;
For mig du paa Golgatha offrede dig;
Den Krone du bar da, jeg kommer ihu;
Om jeg dig har elsket højt, saa er det nu.

3. I Livet og Døden jeg elske dig vil;
Lovprisningens Røgoffer hører dig til.
I Dødsskyggers Dal du mig kommer ihu;
Om jeg dig har elsket højt, saa er det nu.

4. I Herligheds Boligens glimrende Sal,
For din Trones Fod jeg mig nedkaste skal;
Min Sang det er evig: Blot værdig er du,
Om jeg dig har elsket højt, saa er det nu.

---

315. **Hver den, som tror.**

Mel. Hear ye the glad, good news from heaven?
(G. H. 3—94.)

Har du saa glad et Budskab tænkt?
En dødsdømt Slægt Gud Liv har skjænk't.
Paa Korset kjøbt af Jesus er
En fri Forladelse til Hver.

Kor: :,: Enhver den, som tror, :,:
Enhver den som tror, har det evige Liv.

2. Gud os Fortabte finde lod
Forligelse ved Jesu Blod;
Naar vi det glade Budskab tro,
Vi har Forsoning, Fred og Ro.

3. Se til du dette Budskab tror;
Forkast ej Røsten fra Guds Ord:
Omvend dig! tro! — da Gud har sagt:
Al, al vor Synd "paa ham" var lagt!
(Esa. 53, 5. 6.)

316. Fader, tag min Haand.

Mel. The way is dark my Father. (G. H. 8—95.)

Min Vej er trang, min Fader, ‖ Skyer sig
Nu samle mørk og tyk her omkring mig
Og Tordnen | ruller stærk. ‖ I Skrækkens
Baand
Jeg bæver, men, o Fader, | tag min | Haand.
I Mørket frem Led sikker hjem,
Sikker hjem, Sikker hjem,
Led sikker hjem dit Barn.

2. Nu Dagslys gaar, min Fader, ‖ Natten
nu
Sig sænker ned og dækker Alt. Med Gru
Jeg ængstet | bæver her. ‖ Min bange Aand
Nu fly'r til dig, o Fader, | tag min | Haand

Fra Natten hen Til Lys igjen,
    Lys igjen, Lys igjen,
Led hen til Lys dit Barn.

3. Min Vej er lang, o Fader. ‖ J al Strid
Jeg længes efter Maalets Stilhed blid.
J Prøver | hold du mig ‖ i Ledebaand,
Saa jeg ej falder. Fader | tag min | Haand.
Paa al min Vej, O slip mig ej,
    Slip mig ej, slip mig ej.
Led sikkert frem dit Barn.

4. J Ørk'nen her, min Fader, ‖ tidt jeg faar
Af skarpe Torne mange dybe Saar,
Saa jeg stærk | bløder da; ‖ men dog min Aand
Sig ønsker fremad. Fader, | tag min | Haand,
Opliv min Tro Og giv mig Ro,
    Giv mig Ro, Giv mig Ro,
O led til Ro dit Barn.

5. J Sorg mig giv, min Fader, ‖ Trøst fra dig.
Naar Tvivl og Fristelser omringe mig,
Og Fjenden | truer mig ‖ med sine Baand,
Jeg frygter; men, o Fader, | tag min | Haand.
Du har mig kaldt; Led gjennem Alt,
    Gjennem Alt, Gjennem Alt,
Led gjennem Alt dit Barn.

6. Naar Korset her, min Fader, ‖ som jeg
bær',
Mig synes tungt og jeg helt ængst'lig er,
Mod Himlen | lad da se ‖ min bange Aand,
Hvor Kronen venter. Fader, | tag min | Haand;
Min Hjælper bliv, Mig Kronen giv,
Kronen giv, Kronen giv,
Ja Kronen giv dit Barn.

---

317. Afskedssang.
Mel. Heavenly Father, we beseech Thee. G. H. 3—96.

Kjære Fader, o velsign os,
Før vi her skal skilles ad.
Fra alt Ondt du os bevare,
Og med dig os vandre lad.

Kor: O, velsign hvert Ord her talet,
Bøn og Sang, bragt dig, vor Ven.
Om du saa vil, Herre, giv os,
At vi samles glad igjen.

2. Elskte Frelser, gaa du med os,
Vær vor Trøst og før vor Sag.
Dybtfølt Pris til dig vi bringe,
For den Fryd vi har idag.

3. Hellig Aand, o bo du i os,
Til dit Tempel tag vor Sjæl;
Paa vor Vej forbliv vor Leder,
Og til Himlen før os vel.

4. Kjære Fader, elskte Frelser,
    Hellig Aand, du, Een og Tre,
Lad din Vilje, som i Himlen
    Saa og her paa Jorden ske.

318. Naaden fri.

Mel. By faith I view my saviour dying. (G. H. 3—97.

Ved Jesu Blod og Død og Trængsel
    Ere vi, ere vi
Fra Synd og Dom og evig Fængsel
    Kjøbte fri, kjøbte fri.
Han kjærlig kalder Syndre her
Til Naadestolen komme nær;
Hvor herligt dette Ord dog er:
    Naaden fri, Naaden fri.

2. Han frelste mig af Syndesnaren
    Jeg var i, jeg var i,
Og som en Brand mig rev af Faren,
    Naaden fri, Naaden fri.
Han frelse vil Enhver som tror,
Min Præst, Profet og Konge stor;
Nu synges frydefuld paa Jord:
    Naaden fri, Naaden fri.

3. Min trætte Sjæl sødt vederkvæger,
    Naaden fri, Naaden fri;
Mig, Saarede, han kjærligt læger
    Og gjør fri, og gjør fri.

Stor er Velsignelsen jeg faar,
Mens jeg igjennem Ørk'nen gaar;
Med Hjertensfryd jeg nu forstaar:
　　Naaden fri, Naaden fri.

4. Jeg ønsker i mit Liv bevise,
　　Naaden fri, Naaden fri,
Og selv i Dødens Stund at prise,
　　Naaden fri, Naaden fri.
Naar endt er Dødens Kamp og Strid,
Naar jeg bær' Sejersdragten hvid,
Jeg synger da til evig Tid:
　　Naaden fri, Naaden fri.

---

319. Du Sandheds Aand.
Mel. Spirit of truth, oh let me know. C. M.
(G. H. 3—98.)

Du Sandheds Aand lad mig forstaa
　　Min Jesu Kjærlighed;
Lad dens livgivend' Kraft mig faa
　　Helt frigjort, vel bered'.

2. Jeg længes kjende ret hvor bred,
　　Hvor dyb og høj den er;
I fuldt Maal nyde den hvert Sted,
　　Og sejre ved den her.

3. Det er din Gjerning, Hellig Aand,
　　At aabenbare den;

Dit Segl tryk dybt da i min Aand,
Velsigne mig igjen.

4. Oplivend' Sejerskraft meddel,
Mig led og styrk og før;
Med rigest' Glæde fyld min Sjæl,
Og Jesus herliggjør.

---

320. Vaagn op og syng.
Mel. Awake and sing the song. S. M. (G. H. 3—99.)

Vaagn op, syng Lammets Sang,
Ham Ære her bevis;
Vaagn op hvert Hjerte dog engang,
Og Jesu Navn højt pris.

2. Syng om hans Død især,
Om han igjen opstod,
Om hvor for Gud han rede er,
Fremtræde med sit Blod.

3. Du Pilgrim, paa din Gang
Til Zions Stad, syng blot;
Pris Lammet højt i Bøn og Sang,
Som Alt for dig gjør godt.

4. Hist skal hans Vidnehær
For evigt prise ham,
Som deres Ven og Talsmand er,
Det slagtede Guds Lam.

321. Enhver, som bor paa Jordens Kreds.

Mel. From all that dwell below the skies. L. M.
(G. H. 3—101.)

Enhver, som bor paa Jordens Kreds,
Udbred Guds Ære allesteds;
Pris Jesu Navn med Glæde og
I hvert et Land paa hvert et Sprog.

2. O, Gud, din Naade evig er,
Dit Ord en evig Sandhed kjær.
Dit Navn, dets Ære vidt udbred,
Til Sol ej mer gaar op og ned.

322. O Jesus, skal vel Nogen sig.

Mel. Jesus, and shall it ever be? L. M. (G. H. 3—104.)

O, Jesus skal vel Nogen sig
Undse, og skamme sig ved dig,
For hvem sig Engle kaste ned,
Og frydes ved din Herlighed?

2. Vi snarere kan tænke at
Sig skamme vil den mørke Nat
Ved sine Stjerner uden Tal,
End vi ved Jesus skammes skal.

3. Tænk blot! ved Jesus skamme sig,
Som er saa mægtig, skjøn og rig!
Nej, lad det være blot min Skam,
At jeg ej mere ærer ham.

4. Ved Jesus skammes! Jeg, som er
Saa fattig og saa ringe her;
Som i min Synd og Sorg og Skam
Har ingen Hjælper uden ham?

5. Nej, af ham rose mig jeg vil,
Som al min Synd har dækket til;
Min største Ære er: Han sig
Vil ikke skamme mer ved mig.

---

323. Bliv du bedrøvet Aand.

Mel. Stay thou insulted Spirit, stay. L. M.
(G. H. 3—105.)

Bliv, du bedrøvet Aand her end,
  Som jeg imod har meget gjort.
O, kast ej Synd'ren ganske hen
  Og gaa dog ej for evigt bort.

2. Skjøndt jeg mest utro været har
  Af alle, som benaadet er.
Din Godhed, nydt saa ofte, var
  Tidt dybt bedrøvet af mig her.

3. Dog, o, den største Synder spar
  For Jesu Skyld, og Hjælp bete;
I Retfærds Mishag, som du har,
  Sværg ej, jeg ej skal Hvilen se.

4. O Gud, frigjør min trætte Sjæl,
 Oprejs mig, som du ene kan;
Til Fred og Frihed led mig vel,
 Og bring til det forjætted' Land.

324. Kom, Hellig Aand, forklar.

Mel. O, holy Spirit come. S. M. (G. H. 3 106.)

Kom, Hellig Aand, forklar
 Mig Jesu Kjærlighed;
Om Himlen tal, hvor Hjem jeg har,
 Og bid mig sikker led.

2. Vor Vantro borttag hel,
 Og giv vi Frugter bær';
Bring Kjærlighed ned i vor Sjæl,
 Virk Troens Gjerninger.

3. Uimodstaalig kom,
 Frem Naadens Almagts Værk;
Med herlig Regn forventet, kom
 Og udøs fri og stærk.

325. Il glade Hjerte hen.

Mel. Come, every joyful heart. (G. H. 3—108.)

Il glade Hjerte hen,
 Og Jesu Navn højt ær;

Hver ædel Kraft anvend,
  Højt ham ophøje her.
Hvor stor din Gjæld af Tak dog er,
Du skylder ham, forkynd til Hver.

2. Sin Krones Herlighed
  Forlod han for vor Nød;
Af Kjærlighed kom ned,
  Har grædt og blødt, er død.
Ufat'lig er hvad han udstod,
For os at kjøbe med sit Blod.

3. Af Graven ud han drog
  Fra Dødens Lænkers Tvang,
Hver Fjende fangen tog
  Med paa sin Sejersgang.
Igjennem Sky Sejrherren for,
Regjerer der og her paa Jord.

4. Derfra snart kommer han
  Og hjem os bringe vil
Til det forjætted' Land,
  Som her vi vandre til.
Der se vi ham i Himlens Havn,
Og hvile stedse i hans Favn.

---

326.   **Jeg ser hjem.**

Mel. Ah, this heart is void and chill. (G. H. 3—122.)

O, mit Hjerte tomt og mat
  Er i Verdens Trængsel,

Dog for Himlen og dens Skat
Har alvorlig Længsel.

Kor: Jeg ser hjem, jeg ser hjem
Mod min Himmelbolig,
Jesus har beredt for mig;
Der jeg hviler rolig.

2. Snart vil Natten helt bortfly,
Med al Suk herneden;
Snart den skjønne Dag vil gry,
Som mig bringer Freden.

3. Komme hjem! hvor det er sød',
Jeg har Trang for Hvile,
Fra hver jordisk Savn og Nød
Hjem til Fryden ile.

4. O, mit Hjem, saa herlig, kjær!
Der jeg faar min Krone;
Med de Frelste priser der
Jesus for hans Trone.

---

327. **Hvor er der Ro?**

Mel. Here through the world as a stranger.

Her gjennem Verden som Fremmed jeg gaar;
Her er ej Ro, her er ej Ro;
Herneden mange Slags Smerter mig naar,
Dog maa jeg tro, dog maa jeg tro;

Men midt i Sorgen har Troen den Magt,
Hjertet at lette, thi Jesus har sagt:
Storm, du skal tie! — og den sig har lagt,
    Der, der er Ro, der er Ro.

2. Her har jeg mangen Gjenvordighed lidt,
    Her er ej Ro, her er ej Ro;
Her jeg maa skilles ved Venner saa tidt,
    Dog maa jeg tro, dog maa jeg tro;
O, hvor den Tanke paa Trøst da er rig,
Herren har hjemkaldt de Kjære til sig,
Hos ham de hvile og ere ham lig,
    Der, der er Ro, der er Ro.

3. Verden i Sandhed er ødeste Ørk,
    Her er ej Ro, her er ej Ro;
Modgangens Skyer gjør Himmelen mørk,
    Dog maa jeg tro, dog maa jeg tro;
Men jeg har Trøst, som mig Sorgen gjør søb,
Snart skal jeg, frigjort fra Synd og fra Død,
Evig mig hvile i Frelserens Skjød,
    Der, der er Ro, der er Ro.

---

328.   **Synder hør!**

    Mel. Arise ye at the Saviour's call.

Jesus kalder! Synder hør!
Mens han banker paa din Dør,
Vaagn og rejs dig hurtig, før
    Han igjen gaar bort.

Ve dig, hvis du siger nej!
Vil du gaa din egen Vej?
Synder, Synder, ved du ej
　　Naadens Tid er kort.

2. Vaagn! maaske din Død er nær,
Og der ikke mere er
Tid tilbage for dig her
　　Vreden at undgaa.
Synder, sover du endnu?
Il dog, il, hvorfor vil du
Dø i dine Synder, nu
　　Du kan Naade faa?

3. Sodom' brænder! op og fly!
Se dog hvilken Vredes Sky!
Op og søg i Zoar Ly
　　For Guds Vredes Dom!
Ser du dig tilbage, skal
Du blandt de Fortabtes Tal
Evig føle Helvedkval;
　　Synder, Synder, kom!

329.　　**Frydefuld.**

Mel. Joyfully, joyfully onward.

Længselsfuld ile nu Tankerne hjem;
Rejsen paa Havet kun langsom gaar frem;
Hjerterne sukke: var Havnen dog nær,
Frydefuld, frydefuld Alting er der.

Verdens, du stormfulde, fraadende Hav,
Aldrig dog Sjælene Hvile du gav;
Men over dig vi dog engang skal naa
Frydefuld, frydefuld Hvile at faa.

2. Landet sig nærmer; — se Bjergenes Top,
Knejsende hæver mod Himlen sig op.
Kanaans Sletter vi øjne nu kan,
Frydefuld, frydefuld herlige Land.
Se dog, hvor Træerne pryde det smukt!
Tolv Gange aarligen bringe de Frugt;
Blødende Hjerter af Blade derpaa
Frydefuld, frydefuld Lægedom faa.

3. Se dog den prægtige, himmelske Stad!
Hvidklædte Skarer der juble saa glad;
Engle og salige Aander dem lig',
Frydefuld, frydefuld vinke til sig.
Hør dog Guldharpernes yndige Klang!
Hører dog Englenes dejlige Sang!
Der er vor Jesus! — Vi er i hans Favn,
Frydefuld, frydefuld er vi i Havn.

---

330.   Lys fra Hjemmet.*)

Mel. There is a light in the window for thee.

Der er Lys sat at lede dig hjem, Broder,
  Gjennem Mørke og Fare til dem,

---
*) En lille Dreng, en fattig Enkes Søn, havde at gaa paa Arbejde og kom først sent om Aftenen hjem til sin ventende

Som længes at se dig og elske dig højt;
Der er Lys sat at lede dig hjem.

Kor: En Bolig i Himlen, dit Hjem,
Og et Lys til at lede dig frem.

2. Der en Krone er henlagt for dig, Broder,
Af din Frelser i dette dit Hjem,
I snehvide Klæder hos ham skal du staa,
Der er Lys sat at lede dig hjem.

3. O, saa vaag da, vær trofast og il, Broder,
Og med Magt gjennem Verden træng frem;
Lad ikke dens Smiger bedaare din Aand;
Der er Lys sat at lede dig hjem.

4. Il kun hjemad, der Hvile du naar, Broder,
Dine Sorger og Smerter forglem,
De Intet betyde mod Glæden du faar;
Der er Lys sat at lede dig hjem.

331. Vort Hjem, lys og skjøn.

Mel. Now the Saviour invites you to come.

Nu dig Jesus indbyder til sig,
O, il i hans kjærlige Favn.
I hans Rige er Plads og for dig
Om du kommer nu blot i hans Navn.

Moder og smaa Søskende. For at lede ham, at han ikke skulde gaa vild og styrte ned fra de bratte Klipper, blandt hvilke Huset laa, var der altid sat et Lys i Vinduet, at han kunde se og blive vejledet.

Kor: Over Jordan et Hjem, lys og skjøn,
For os er beredt af Guds Søn;
Og snart mødes vi der til vor Løn,
I vort Hjem, lys og skjøn.

2. Er du tørstig, velkommen du er,
For Smerte han giver dig Ro;
Thi en Kilde er aabnet for Hver,
Som omvender sig nu og vil tro.

3. Er du træt nu og sukker for Ro,
Til Jesus, din Tilflugt, dig vend,
Hos ham hist i hans himmelske Bo
Er der Hvile; han kalder dig end.

4. Og end her du faar Hvile for Savn;
Du Trætte, blot kom til Guds Søn,
Du kan hvile saa trygt i hans Favn,
Om du søger med Alvor i Bøn.

5. Til de Trofaste lovet han har,
Om ydmygt de lyde ham her,
Hist en Krone saa dejlig og klar,
Og en Skat, som ej tabes kan mer.

332. Herlige, yndige Hjem.

Mel. Oh think of a home, where the Saviour will be.

O, tænk paa vort Hjem, hvor jeg Frelseren
ser!
Det skjønneste Hjem, hvor ej Synden er mer.

Ja, det bliver Himlen for mig, o, saa kjær.
Herlige, yndige Hjem.

Kor: Glade Hjem, Mit Hjem (Vort Hjem)
Vor Frelser se vi der!
Glade Hjem, mit Hjem (Vort Hjem),
Saa frydefuld, herlig du er.

2. O, naar vi paa hin Side frelste skal staa
Hvor Dødsflodens isnende Strøm ej kan naa,
Ved Frelserens Hjerte vi Hvile da faa.
Herlige, yndige Hjem.

3. Hvor sødt det skal blive, naar Kaldet vi hør',
Naar vi i vort Himmelhjem indtræde tør
Og vi ej skal ængstes, som saa ofte før.
Herlige, yndige Hjem.

---

333.   **Il, Pillegrim!**

Mel. Come, o come.

Kom, o Pil'grim, il dog hjem!
Her du maa Hastig gaa
Gjennem Verden, bort fra dem
Som din Vandring vil modstaa.
Her er Kamp mod Kjød og Blod;
Kom da ej Paa den Vej
Du ved Jesu Kald forlod
Lokker Verden da sig: nej.

O, vend du Sind og Hu
Bort fra Verdens Møje,
At dig kan Kana'ns Land
Stedse staa for Øje,
Der ej skal Sorg og Kval
Mer dit Hoved bøje;
Men du er, Evig der, Jesus nær.

Kor: Frydefuld, frydefuld
Alting er derhjemme,
Straks du er Kommen der
Du din Sorg vil glemme.
Hør dog hvor Frelstes Kor
Og hver Englestemme
Siger: Velkommen,
Velkommen her!

2. Il dog hjem med Haab og Tro!
Vandringsmand, Dette Land
Hvor du rejser, har ej Ro,
Her er kun din Pil'grimsstand;
Overalt du finde vil
At du er Fremmed her;
Lad da alt dig bringe til
At dit Hjem dig bliver kjær.
Fremad gaa At du maa
Naa til Himmerige.
Sig mig ret Er ej det
Glæde uden Lige:
Synd og Nød, Sorg og Død,
Evig skal bortvige,
Men du er, Evig der, Jesus nær.

Indhold.

Jesu Fødsel, No. 134, 188, 236.
Jesu Lidelse og Død, 43, 45, 57, 68, 78, 86, 91, 109, 111, 113, 140, 146, 167, 216, 254, 270, 273, 281.
Jesu Opstandelse, 24, 160, 180, 262, 325.
Jesu Navne og Embeder, 6, 56, 71, 72, 78.
Jesu Naade og Kjærlighed, 8, 26, 30, 36, 39, 46, 49, 60, 73, 141, 142, 172, 208, 224, 229, 257, 280, 282, 286.
Indbydelse til Naaden, 9, 10, 15, 17, 18, 37, 38, 41, 55, 62, 63, 75, 81, 83, 94, 95, 127, 132, 144, 153, 183, 191, 195, 205, 212, 214, 228, 230, 235, 240, 241, 246, 247, 255, 266, 287, 291, 296, 302, 309, 311, 312.
Syndserkjendelse, Sindsforandring, 6, 19, 27, 35, 38, 45, 54, 64, 106, 131, 156, 177, 197, 209, 227, 238, 295, 328.
Gjenfødelse, 19, 70, 237.
Troen og Syndernes Forladelse, 2, 19, 48, 53, 56, 57, 59, 87, 88, 123, 154, 157, 169, 170, 190, 197, 267, 281, 290.
Troens Fred og Glæde, 5, 16, 23, 24, 30, 39, 43, 51, 53, 60, 76, 91, 100, 107, 110, 129, 133, 151, 161, 171, 196, 200, 211, 221, 242, 244, 258, 265, 276, 288, 300, 315.
Troens Forvisning, 4, 13, 16, 23, 31, 46, 50, 52, 63, 66, 78, 90, 105, 108, 119, 125, 139, 164, 165, 185, 192, 198, 201, 213, 225, 263, 269, 272, 277, 318, 326.
Den Hellig Aand og hans Virkninger, 40, 42, 100, 128, 319, 323, 324.
Længsel efter Naaden, 3, 27, 32, 37, 58, 85, 86, 87, 88, 99, 118, 022, 299.

Kjærlighed, 26, 47, 114, 136, 251, 279, 314.
Lydighed og Selvfornægtelse, 28, 42, 47, 61, 78, 82, 83, 98, 122, 137, 138, 145, 150, 158, 194, 284, 294, 307.
Jesu Efterfølgelse, 14, 21, 28, 33, 65, 68, 69, 74, 96, 104, 117, 120, 135, 143, 155, 163, 173, 174, 203, 206, 226, 289, 301, 306, 313, 322.
Troens Kamp og Seir, 14, 28, 34, 50, 59, 85, 89, 112, 115, 121, 148, 149, 162, 166, 175, 176, 179, 182, 215, 219, 249, 253, 259, 260, 285, 298, 327, 330.
Bøn, 3, 7, 27, 29, 32, 40, 45, 48, 77, 84, 85, 86, 87, 88, 93, 103, 105, 116, 126, 128, 137, 138, 169, 176, 193, 217, 223, 231, 232, 234, 248, 292, 316.
Guds Lov og Pris, 1, 25, 44, 46, 101, 102, 222, 250, 293, 320, 321.
Den evige Salighed, 2, 20, 22, 34, 44, 52, 58, 67, 69, 92, 97, 124, 130, 147, 152, 168, 178, 181, 184, 186, 187, 189, 199, 204, 207, 210, 218, 220, 233, 239, 243, 245, 252, 256, 261, 264, 271, 274, 275, 278, 283, 297, 303, 304, 305, 308, 310, 329, 331, 332, 333.
Slutningssange, 1, 159, 317.

Register.

No.

Af Blade blot, Guds Aand bortgaa't 96
Af mit Hjerte er bebyrdet.............. 34. 195
Al min Tillid er til Jesus................272
Al min Tvivl jeg giver Jesus 139
Al Pris og Lov til Jesus bær............101
Al Verden fortabt var i Mørke og Nød..... 41
Al Verden kom med Jubelskrig............ 1
Al Ære til Jesus, at Liv................201

—(351)—

Arbejd, thi Natten kommer..................122
Arbejd tro! som Guds Tjenere bør.........145

Basunen højt nu lyder....................266
Bliv du bedrøvet Aand her end.............323
Blot visne Jordlivs Fryd..................179

Den kjære Frelser, Paa Taalmod rig........ 9
Den overgaar al Kundskab.................. 73
Den store Læge er nu nær.................. 56
Der er en grøn Høj langt herfra...........273
Der er en Kilde fyldt med Blod............ 91
Der er en Port som aaben staar............ 15
Der er et rene Glæders Land.........67. 264
Der er Fryd iblandt Guds Engle............295
Der er Liv for et Blik.................... 80
Der er Lys sat at lede dig hjem...........330
Der kan en Krone vindes...................289
Der var engang en Hyrde, en Faarenes Ven. 6
Det er her Møjens Dag.....................294
Det Midnat er, en Stjerne stod............216
De tænkte ej Synderne Faren var stor......209
Din, Jesus kjær, Mit Hjerte ikke mer......226
Din Kraft kun liden er.................... 35
Din, o Jesus kjær.........................137
Dit Hoved, Jesus, tynges ned.............. 57
Dit Rige elsker jeg Dit Hus...............211
Du din Kongemagt Billig har nedlagt.......188
Du min Skat og Del for evigt..............176
Du Sandheds Aand, lad mig forstaa.........319
Du Sjælens Sol, min Frelser kjær.......... 84
Du snart kommer, o min Frelser............271
Dyb af Naade er det saa................... 99
Dyre Løfter Gud har givet................. 50

Een der er, som fremfor andre............. 36
Een Frelse blot som bydes................. 78

Ej gjør alt Offerblod..........................113
Ej nu mit Barn, endnu lidt mer............ 47
En Alvorstanke blib, I Aanden............192
En Arbejdsdag for Jesus svandt hen....... 28
Endnu er Rum i Lammets lyse Sal........ 81
Enhver, som bor paa Jordens Kreds.......321
En Krone saa herlig mig venter............181
En Skare utallig med Harper staar nær..... 44
En Overste kom til vor Frelser ved Nat.....237
Er det vel ret for mig at gaa................269
Er Fjender stærke, Faren stor..............182
Er jeg en Korsets Stridsmand, sendt......115
Er Jesus mægtig nok at faa 241

Fab'rens Naade herligt straaler............ 65
Fra den brustne Klippe flyder..............270
Fra Herlighedens Trone fremvælder........170
Fra hver en Storm som hæver sig..........105
Frelser, din Kjærlighed, Du skjænkte mig... 26
Frelser du bin Fred nedsende..............292
Frelseren mig altid leber................... 60
Frelser mer end Liv for mig................ 48
Frelser, som en Hyrde led os..............126
Frels, Jesus kjær, Velsign du dog Enhver..248
Fremad! Kristi Stridsmænd................175
Fremad! opad! Kristi Stridsmand........135
Frigjort fra Loven, Frelse er funden........ 16
Fryd dig og vær glad, Gud en Frelser...... 24
Fryd til vor Jord, her Herren er............236
Før var jeg død i Synd.....................129

Giv Troen Vinger, at den op..............186
Gjennem Dalen fuld af Skygger jeg maa....207
Gjentag det Budskab ofte ret..............154
Glade Haab, som i Jesus er givet..........245
God Tidende her er for dig................291
Gud har lovet at give fuld Frelse........... 2
Guds Aand vil nu Synder................. 42

—(353)—

Gud velsign os nu vi skilles.................159
Gaa glem dine Sorger.................... 61
Gaa hen i min Vingaard................. 98

Halleluja, han er opstaaet.................180
Han leder mig, min største Skat............. 51
Hans Klædebon hun ikkun berørte..........267
Har du noget Rum for Jesus...............284
Har du paa din Jesum troet............... 31
Har du saa glad et Budskab tænkt..........315
Har Frelseren udøst sit Blod...........111. 167
Hellig Aand, Vejleder tro................ 40
Hellig, hellig, hellig, Herre Gud almægtig..222
Helt overtydet, Herre jeg tror............. 76
Her gjennem Verden som Fremmed.........327
Her paa Livets Farevande................260
Herre, du hver Tørstig kalder............. 87
Her under Korset ene.................... 43
Her vor Glædes Sang blot vær............286
Hist bag Floden skal vi mødes................ 7
"Hjemme nu" paa Zions Bjerge............189
Hug det om, hug det om, det ufrugtbare....238
Hvad? Læg din Synd paa Jesus............ 53
Hvad søger Folkeskaren dog............... 8
Hvem er i Himlen vel lig dig,..............258
Hvilken Ven vi har i Jesus................ 29
Hvilket godt, behag'ligt Land..............208
Hvilket Land ret som Lyset saa klart........204
Hvor er min tabte Søn idag?.............279
Hvorfor vil du dø? Vend om..............106
Hvor Jesusnavnet for hans Faar........... 71
Hvor overvættes kost'lig er Jesus...........251
Hvor søde Jesu Ord dog er...............287
Hvo, som tørster, raabe: Vand er nu her... 10
Hør det banker! Hvem er der?............ 17
Hør din Jesu Stemme raabe................120
Høstfolk i Livets Høsttid..................150

Idag hør Jesu Røst; Vildfarne kom....... 55
I de Kristnes Hjem deroven................130
I de tause Midnatstimer...................183
Ikkun en Vaabendrager.................... 82
Ikkun et Skridt til Jesus.................144
Ikkun Tillid hver en Dag..................165
Il glade Hjerte hen Og Jesu Navn.........325
Il, o Synder, Visdom agt!.................214
I min Faders Hus er ber meget Rum........274
I mit Liv vare Fejltrin mange.............190
Intet af din Syndbegjæld..................281

Jeg biede taalmodelig.....................125
Jeg elsker dig, Jesus, jeg ved du er min..314
Jeg elsker højt den Sandhed............... 39
Jeg, en Pil'grim, er her en Fremmed.......306
Jeg er Guds Barn, han mig lod.............178
Jeg er Jesus din, jeg har hørt din........138
Jeg er saa glad, at Guds Ord mig har sagt.. 23
Jeg fandt den store Perleskat.............300
Jeg fandt en Fryd i Sorgen................151
Jeg fandt en Ven, o hvilken Ven...........224
Jeg gav mit Liv for dig................... 21
Jeg har bragt Alt til Jesus, Frelseren.... 90
Jeg har en Frelser, en Midler i Himlen.... 11
Jeg har hørt om en Frelser stor...........157
Jeg har hørt om et Land langt herfra......261
Jeg har læst om en Stad, o saa yndig......310
Jeg hører her din Røst.................... 63
Jeg kan nu synge glad og fro..............276
Jeg nu gaar i Velsignelsesdalen...........196
Jeg nu tror paa dig, o Jesus..............290
Jeg staar ved Jordans stormfuld' Strand...303
Jeg stod, et bortfly't Barn...............172
Jeg synge vil om Jesus....................142
Jeg til Korset iler hen................... 59
Jeg tænker saa glad paa Himlens Land......152
Jeg vandrede længe i Mørke og Gru......... 66

Jeg veb ej hvad mig venter................307
Jeg veb ej naar Herren mig fender Bud..... 13
Jeg vil fynge en Sang om det herlige Land.. 20
Jeg vil fynge om min Frelfer...............229
Jefus bløbende her fe, Tornekronet.........146
Jefus for Syndre græb...................... 131
Jefus holb mig nær dit Kors................ 45
Jefus kalber, Synder hør!..................328
Jefus Kriftus gaar forbi...................230
Jefus lab mig leve her Jffun for big.......280
Jefus naabigen kalber til fig hen..........228
Jefus, Sjælens Elfker fjær............85. 193
Jefus regjere fkal hvert Steb..............141
Juft fom jeg er, da jeg blot har........... 54

Kalb dem inb, de Arme, Ringe.............153
Kjære Faber, o velfign os.................317
Klart vort Banner fkinner.................313
Klippe, du fom braft for mig.............. 86
Kom du trøftløfe Sjæl, afmægtigt Hjerte...197
Kom, Hellig Aanb, forklar.................324
Kom, Himmelbue, Hellig Aanb...............128
Kom hjem, kom hjem! Fra Forvilbelfens.. 38
Kom J, fom elfke Gub, Vis Ebers Glæbe...250
Kom, J Syndre, arme, fyge.................127
Kom, min Sjæl, bin Bøn frembær............217
Kom nu til Jefus, opfæt det ej............ 62
Kom nær mig, o min Frelfer................231
Kom, o Pil'grim, il bog hjem..............333
Kom Sjæl, du fom længes for Glæde........255
Kom fynbbetynget Sjæl i Tro............... 94
Kom, fyng bet glabe Budfkabs Lyb..........134
Kom til Jefus, kom til Jefus juft nu......132
Kom til mig og faa Hvile her..............123
Kom, tilrebt Feft er her..................191
Kom Velfignelfernes Kilbe.................116
Kristi Kors, min Ros og Vinding........... 68

—(356)—

Lad ej Guds Ord forbi dig gaa.............246
Lad Fristelsen ikke dig blive en Ven......... 89
Lad os samle op alt Solskin.............174
Lavt ved Jesu Fødder..................160
Led mig, mægtige Jehova.............. 88
Lysglimt i Mørket, Brødre, frygt nu ej mer. 83
Længe ventede i Mørket Vi for Lysets.......227
Længselsfuld ile nu Tankerne hjem........ 329
Løft op, løft op din Røst at klinge.........198

Med Blodfanen for os til Kana'n..........166
Mens Livets Lys end straaler klart.........212
Mer Hellighed giv mig.................. 93
Mer Kjærlighed til dig, O Jesus kjær.......136
Mig velsign Gud, Fader kjær............. 32
Min Gud, hvilken Stund, da jeg fandt.....221
Min! Se Naadens Straaleflod!...........277
Min sidste Sol nu synker stærk...........187
Min Sjæl staa op, fat Mod..............119
Min Sjæl vær paa din Vagt..............112
Min Synd er stor, min Styrke svag........299
Min Synd jeg bringer dig...............156
Min Tid hengliber hurtig her.............219
Min Tro ser op til dig..................117
Min Vej er trang min Fader, Skyer sig.....316
Min Aand, som af Fejltrins Sorg..........173
Mit Himmelhjem er skjøn og kjær 256
Mit Hjerte af Sorg trykket ned 100
Mit Haab er byg't paa Jesu Blod..........162
Mødes vi hist bagved Floden.............199
Mørk Natten er og Vinden kold frembryder..148

Nu dig Jesus indbyder til sig..............331
Nu just et Ord for Jesus.................163
Nu Timeglasset synker...................147
Nærmere, Gud til dig....................118
"Næsten en Kristen!" Godt er Guds Ord... 75
Naar Fred, lig en Flodstrøm, ledsager mig..200

Naar han kommer og Perlerne henter....... 97
Naar Jesus kommer at Løn uddele..........259
Naar mit sidste Farvel jeg til Verden........210
Naar stærk Livets Storme rase.............225
Naar vi naa hjem fra vor Smerte..........308
Naar vi naa vor Faders Rige..............297
Naa't er det Land med Korn og Vin........305

O, dybe klare Ord, Jeg Jesus sige......... 70
O Fred, som rolig frem, lig Floden flyder ..161
O Frelse! — Glade Lyd, som naar.........109
O, Hvilens Land, jeg sukker for............304
O, hvilken Frelser, som for mig er død.....242
O, hvor er de Høstfolk, som tro vil her.....155
O, hvor saligt er det Vi i Jesus er Et......244
O, hvor skal jeg gaa hen for Hjælp?........202
O, jeg er saa glad i min Jesus.............265
O, Jesus helbred mig, at jeg bliver vel.....169
O, Jesus, skal vel nogen sig undse.........322
O, kom nu til Jesus og tro paa hans Navn. 95
O, kunde jeg opstige til hint Underrige..... 58
O mit Hjerte, tomt og mat................326
Om Staden i Himlen, som er sagt.........243
Omvend dig, omvend dig, hvorfor vil du...205
O, Naade for hver, som blev renset og fri.... 46
O, Naade! hvilket Ord! Hvad Velklang.... 49
O, Ordets Ord, det sødest'................309
Opliv dit Værk, o Gud....................223
Op nu Stridsmænd, se Signalet........... 14
O, salig Dag, da jeg har dig..............133
O, sikker til Klippen, vel prøvet, jeg tyer.....232
O store Naade, søde Lyd.................213
O søde Bønnestund saa blid............... 77
O Tro, som skrækkes ej, om den........108
O, tusind Tungers Jubellyd 102
O tænk paa vort Hjem, hvor jeg Frelseren...332
O tænk paa vort Hjem over der........... 92

O, var jeg Intet, Intet.................... 74
Over det store Hav........................296

Priser højt Jesus vor Konge saa kjær.......293
Pris Gud, al Godheds Kildevæld..........   1
Prøvet haardt her, Se Angst og Besvær.....249
Paa ret Vej og Maade Gud sørger for os....   5

Red be Omkommende...................... 18
Ring med Himlens Klokker................ 19

Samle Skyer sig omkring mig.............257
"Se Evighed gryr!" Evig Dag er nu nær...278
Se Herren er min Hyrde god...............107
Se hint herlige skjønne Land..............218
Se nu Kampens Dag frembryder...........149
Se Naadens Bud nu sendes................235
Ser du hist hin Hebræ'r Fange knæle......143
Sig, hvad du tænker gjøre nu Broder.......194
Sig, hvor er din Tilflugt, o Synder........312
Sig mig den gamle Sandhed................ 37
Sikker i Jesu Arme.......................   4
Skal jeg gaa did hel tomhændet...........298
Skal Jesus bære Korset selv...............206
Skal vi samles ved Livs-Floden...........124
Skjønne og herlige Eden, Sød i din Ynde...252
Sku dog op til Jesus.....................164
Sku, o Sjæl, et Syn saa herligt...........262
Smertens Mand, hvad Navn at faa........140
Snart Morgenen kommer vi mærke det.....239
Sorgfuld Samler, hvor kom du fra......... 33
Staa op med Fryd, han kommen er.........110
Staa op, staa op for Jesus...............121
"Svag men dog ilende" fremad glad.......301
Syng dem atter igjen for mig.............282
Saaende Sæden ved Morgenrød............ 79
Saa har Gud elsket Verden som............ 30
Saa mange Hindringer vi faa.............103

Saa tryg paa Zions Klippe............171
Saa øm og saa søb var min Mesters Røst...247

Tag dog Jesu Navn her med dig..........72
Tag mit Liv, o Gud, lad mig............234
Tag mod mig, o milde Frelser...........27
Tidens Klokker stedse gaa.............203
Til Festsalen gik Synderinden saa snar'.....64
"Til han kommer," Ord af Fryd..........69
Ti Mænd, spedalske, langt borte staa der....12
Ti Tusind' Gang' ti Tusind'...........275
Tro er en Livskraft faa't og kjendt........215

Ved Brønden, dybt bedrøvet............302
Ved et godt Forsæt staa fast...........158
Ved Jesu Blod og Død og Trængsel.......318
Velsignet er det Baand................114
Ventende vi staa ved Floden............220
Vent nu ej mer, min Broder............240
Vi frelste nu er ved dit Blod..........254
Vi gaa i Ørknens Taage til Jesu Dag.....52
Vild og heftig Stormen raser...........253
Vil du komme hjem, Vildfarne..........311
Vil for Synd du Naade faa?............263
Vi prise dig Gud, for din Søn du os gav...25
Vi skal sove, dog ej evigt............184
Vi tale om Himmelens Land............283
Vi vandre hjem, Og er blandt dem........22
Vor Lampe tilredt brænder.............168
Vor Mester har tiltraadt sin Rejse.......285
Vor Rejse tidt var lang...............233
Vort Liv og Ord bør begge ret..........104
Vægter, sig mig, Zions Morgen.........185
Vær glad med mig, Nu er jeg rig........288
Vær nær mig hver en Stund............3
Vaagn op, syng Lammets Sang..........320

Omt den gode Hyrde..................177

www.ingramcontent.com/pod-product-compliance
Lightning Source LLC
Chambersburg PA
CBHW020321240426
43673CB00039B/877